Kohlhammer

Soziale Arbeit – kompakt & direkt

Herausgegeben von Rudolf Bieker und Heike Niemeyer

Eine Übersicht aller lieferbaren und im Buchhandel angekündigten Bände der Reihe finden Sie unter:

https://shop.kohlhammer.de/soziale-arbeit-kompakt-direkt

Die Autorin

Gabriele Janlewing ist Professorin für Recht in der Sozialen Arbeit mit den Forschungs- und Lehrschwerpunkten Familienrecht, Sozialrecht und Schuldnerberatung. Vor ihrer Berufung war Janlewing über zehn Jahre lang Rechtsanwältin (Fachanwältin für Familienrecht und Insolvenzrecht). 2014 erfolgte ihre Promotion an der Universität Göttingen (Titel der Dissertationsschrift: »Familienrechtliche Ansprüche gegen den Selbständigen in der Insolvenz«). Janlewing ist Autorin zahlreiche Publikationen zu unterhaltsrechtlichen Themen, insbesondere im Zusammenspiel mit dem Insolvenz- und Sozialrecht (insbesondere »Insolvenzrecht für die familienrechtliche Praxis«). Darüber hinaus trägt Janlewing regelmäßig zu den genannten Themen vor und ist juristische Fachberaterin von Schuldnerberatungsstellen.

Gabriele Janlewing

Unterhaltsrecht für die Soziale Arbeit

Verlag W. Kohlhammer

1. Auflage 2023

Alle Rechte vorbehalten
© W. Kohlhammer GmbH, Stuttgart
Gesamtherstellung: W. Kohlhammer GmbH, Stuttgart

Print:
ISBN 978-3-17-042833-1

E-Book-Formate:
pdf: ISBN 978-3-17-042834-8
epub: ISBN 978-3-17-042835-5

Vorwort der Reihenherausgeber*innen

Ergänzend zu klassischen Lehrbüchern geht es in der neuen Reihe »Soziale Arbeit – *kompakt & direkt*« um die vertiefende Bearbeitung spezieller Themen- und Fragestellungen aus der Sozialen Arbeit und ihren Bezugsdisziplinen, z. B. theoretische Konzepte, spezifische Methoden, Arbeitsfelder oder soziale Probleme. *Kompakt und direkt* heißt die neue Reihe, weil sie in der Präsentation der Inhalte auf das konzentriert ist, was Lernende über das ausgewählte Thema wissen und für Studienleistungen und Prüfungen zielgenau aufbereiten können sollten.

Zielgruppen der Reihe sind jedoch nicht nur Studierende im Bachelor- oder Masterstudium, sondern auch Berufseinsteiger*innen und Praktiker*innen, die autodidaktisch oder in Fortbildungen Anschluss an den aktuellen wissenschaftlichen Diskurs halten wollen.

Der fokussierte Zuschnitt der Bände spiegelt sich in einem innovativen Buchformat, das Leser*innen Überschaubarkeit im Umfang und eine gut strukturierte Textpräsentation bietet. Zentrale Sachverhalte werden anhand von Praxisbeispielen und Abbildungen veranschaulicht. Didaktische Elemente wie Begriffserläuterungen, Textcontainer, Reminder, Essentials, kurze Zusammenfassungen, Piktogramme etc. erleichtern das Erfassen, Speichern und Wiederaufrufen der Inhalte.

Die Autor*innen der Bände sind durch ihre wissenschaftliche Expertise ausgewiesen, schreiberfahren und stehen in der Regel mit Studierenden und Praxisfeldern in engem Kontakt.

Rudolf Bieker und Heike Niemeyer, Köln

Zu diesem Buch

Unterhaltsrecht ist ein Teilbereich des Familienrechts, was wiederum einen elementaren Bestandteil der Ausbildung Studierender im Studienfach »Soziale Arbeit« darstellt. Beim Unterhaltsrecht geht es um die Frage, wer für welche Person(en), in welcher Höhe und wie lange finanziell aufzukommen hat. Letztlich geht es um die wirtschaftlichen Folgen, die familiäre Bande darstellen, und die Frage, welcher finanzielle Beitrag Angehörigen zugemutet werden kann. Daher stellt das Unterhaltsrecht auch eine gesellschaftliche Abbildung von geforderten und einklagbaren Solidaritäten im Familienverbund dar.

Das Thema ist in fast jedem Handlungsfeld der Sozialen Arbeit relevant. Das Unterhaltsrecht minderjähriger und (junger) volljähriger Kinder spielt nicht nur in der Kinder- und Jugendhilfe eine Rolle. Es ist auch in der Sozialen Arbeit mit Menschen in finanziellen Problemlagen, in der Schuldner*innenberatung, in der Sozialen Arbeit mit Menschen mit Behinderung oder in der justiznahen Sozialen Arbeit relevant, ebenso wie Unterhaltsansprüche nach Trennung, Scheidung oder Aufhebung der Lebenspartnerschaft. Der Elternunterhalt kann bei der Sozialen Arbeit mit kranken und pflegebedürftigen Menschen Relevanz haben.

Mit dem Unterhaltsrecht beschäftige ich mich schon sehr lange: Als Rechtsanwältin (Fachanwältin für Familienrecht) habe ich mich vor allem der Beratung und Vertretung überschuldeter Familien gewidmet. Nachdem ich als Rechtsanwältin einige Jahre Praxiserfahrungen sammeln konnte, habe ich begonnen, mich auch wissenschaftlich mit dem Thema zu befassen. Als Professorin für das Lehrgebiet »Recht in der Sozialen Arbeit« ist es mir ein Anliegen, den angehenden Sozialarbeiter*innen das zur Bewältigung ihrer Praxisaufgaben notwendige rechtliche Wissen zu vermitteln. Dies gilt ebenso für die Berufseinsteiger*innen, die oft (erst) in der Praxis feststellen, welche Bedeutung das Unterhaltsrecht in der täglichen Arbeit hat. Das Thema wurde, entsprechend dem Leitgedanken der Reihe, »Soziale Arbeit – kompakt & direkt« behandelt. Dies bedeutet, dass die praxisrelevanten Themen hauptsächlich anhand konkreter Beispielfälle erläutert und Hintergründe in »Begriffsbestimmungen« und »Exkursen« nachgeschlagen werden können. Darüber hinaus sollen »Praxishinweise« konkrete Hilfestellungen in der täglichen Arbeit geben. Mein Dank gilt den beiden Herausgebenden des Buches, Herrn Prof. Dr. Bieker und Frau Prof. Dr. Heike Niemeyer, die mich zur Veröffentlichung des Werkes angeregt und auch bei der Erstellung großartig unterstützt haben. Für weitere Anregungen zu diesem Buch bin ich sehr dankbar und würde mich über Zuschriften freuen (janlewing@hs-koblenz.de).

Koblenz, im Januar 2023
Gabriele Janlewing

Inhalt

1 Unterhaltsberechtigte und Unterhaltsverpflichtete

☞ **Überblick**

In diesem Kapitel geht es um die Frage, wer von wem Unterhalt verlangen kann, und somit um typische Unterhaltskonstellationen.

Unterhaltsberechtigte/Unterhaltsverpflichtete

Unterhaltsberechtigte sind gemäß § 1602 BGB Personen, die außerstande sind, sich selbst zu unterhalten. Wer nicht dazu in der Lage ist, ihren*seinen Bedarf (▶ Kap. 2.1.3) aus eigenen Mitteln zu finanzieren, ist demnach unterhaltsbedürftig.

Eine Unterhaltsverpflichtung entsteht durch die Entscheidung des Gesetzgebers, bestimmte Angehörige zum Unterhalt zu verpflichten. So sind gemäß § 1601 BGB (ausschließlich) Verwandte in gerader Linie einander zum Unterhalt verpflichtet. Auch die Tatsache, dass mit einer anderen Person eine Ehe bzw. Lebenspartnerschaft geschlossen wurde, führt zu einer Unterhaltsverpflichtung (§§ 1360, 1360a, 1361, 1559 ff. BGB). Darüber hinaus kann auch (allein) das Vorhandensein eines gemeinsamen Kindes (ohne Trauschein der Eltern) dem Kindesvater bzw. der Kindesmutter, neben der Verpflichtung zur Zahlung von Kindesunterhalt, eine Unterhaltspflicht für den anderen Elternteil auferlegen, § 1615 l BGB.

1.1 Ehegattenunterhalt, Unterhalt gegenüber Lebenspartner*innen

Die durch die Ehe bzw. Lebenspartnerschaft (s. u. »Ehe und Lebenspartnerschaft«) begründete Unterhaltspflicht resultiert aus der ehelichen Solidarität zwischen Ehegatten bzw. Lebenspartner*innen. Da diese mit zunehmender Entfremdung der Ehegatten bzw. Lebenspartner*innen schwindet, wird zwischen drei Zeitabschnitten unterschieden:

- Unterhalt während intakter Ehe (= Familienunterhalt, §§ 1360, 1360a BGB),
- Unterhalt nach Trennung und vor rechtskräftiger Scheidung (= Trennungsunterhalt, § 1361 BGB) sowie
- Unterhalt ab Rechtskraft der Scheidung (= nachehelicher Unterhalt, 1569 ff. BGB).

Für *eingetragene Lebenspartnerschaften* gelten die Vorschriften durch eine Verweisungsnorm des Lebenspartnerschaftsgesetzes (LPartG) ebenfalls. So bestimmt § 5 LPartG, dass die Vorschriften des *Familienunterhalts* gemäß §§ 1360, 1360a BGB gelten sollen. Gemäß § 12 LPartG sollen die Regelungen zum *Trennungsunterhalt* nach § 1361 BGB Anwendung finden und gemäß § 16 LPartG finden zum *nachpartnerschaftlichen Unterhalt* die Bestimmungen der §§ 1570 ff. BGB Anwendung.

Exkurs: Ehe und Lebenspartnerschaft

Die Ehe wird durch beiderseitige Erklärung des Eheschließungswillens vor dem*der Standesbeamt*in geschlossen. Sie setzt zu ihrer Wirksamkeit folgendes voraus:

- Ehefähigkeit der Eheleute, § 1304 BGB (= Geschäftsfähigkeit): Ausländer*innen benötigen in bestimmten Fällen ein Ehefähigkeitszeugnis, § 1309 BGB.
- Ehemündigkeit

- Grundsätzlich ab Volljährigkeit oder
- Ausnahmegenehmigung durch das Familiengericht, wenn ein*e Partner*in mindestens 16 Jahre alt ist, § 1303 BGB.
- Kein Eheverbot
  - Bestehende Ehe oder (eingetragene) Lebenspartnerschaft, § 1306 BGB,
  - Verwandtschaft, § 1307 BGB (gerade Linie und Geschwister, auch bei Adoption).

Seit dem 1.10.2017 gilt die »*Ehe für alle*«: Durch die Angleichung von § 1353 BGB setzt die Ehe keine Verschiedengeschlechtlichkeit mehr voraus. Es können seitdem auch gleichgeschlechtliche Partner*innen die Ehe miteinander eingehen. Das gilt auch für transsexuelle und intersexuelle Partner*innen. Mit Inkrafttreten der »Ehe für alle« ist die Begründung einer (neuen) Lebenspartnerschaft nach dem *Lebenspartnerschaftsgesetz* nicht mehr möglich. Hierbei handelte es sich um eine rechtliche Regelung (Geltung: 1.8.2001–1.10.2017), um Personen gleichen Geschlechts einen »eheähnlichen Rahmen« zu geben. Die Wirkungen einer begründeten »Lebenspartnerschaft« (z.B. beim Unterhalt) wurden denen der Ehe nachgebildet. Zum Zeitpunkt des Inkrafttretens der »*Ehe für alle*« bestehende eingetragene Lebenspartnerschaften können in eine Ehe *umgewandelt* werden, oder die Partner*innen leben weiter in einer »*eingetragenen Lebenspartnerschaft*« (vgl. Löhning 2017).

1.1.1 Familienunterhalt

Rechtsgrundlagen: §§ 1360, 1360a BGB bzw. § 5 LPartG i. V. m. §§ 1360, 1360a BGB

Die Verpflichtung beider Ehegatten bzw. Lebenspartner*innen, sich gegenseitig zu unterstützen, folgt aus der *ehelichen Beistandspflicht* gemäß § 1353 BGB bzw. § 2 LPartG. Die eheliche Solidarität wird während des Zusammenlebens von Ehegatten bzw. Lebenspartner*innen als *besonders stark* angesehen. Dies spiegelt die unterhaltsrechtliche Verantwortung während der intakten Ehe bzw. Lebenspartnerschaft wider. Voraussetzung eines Anspruchs auf Familienunterhalt ist zunächst eine *wirksam geschlossene Ehe bzw. Lebenspartnerschaft* sowie eine *bestehende Lebensgemeinschaft* der Ehegatten bzw. Lebenspartner*innen. Auch wenn die Ehegatten bzw. Lebenspartner*innen aus besonderem Anlass häuslich voneinander getrennt leben, z. B. bei einem Krankenhausaufenthalt, der Unterbringung in einem Pflegeheim oder einem Gefängnisaufenthalt, besteht die Lebensgemeinschaft weiter fort, wenn die Partner*innen an der Ehe bzw. Lebenspartnerschaft weiter festhalten und ihren Vorstellungen entsprechend leben. Haben die Ehegatten bzw. Lebenspartner*innen jedoch zu keiner Zeit in häuslicher Gemeinschaft gelebt oder haben sie den ursprünglich gefassten Plan einer häuslichen Gemeinschaft nicht realisiert, so scheidet ein Familienunterhalt aus.

Familienunterhalt wird grundsätzlich nicht in Form einer Geldzahlung (= *Barunterhalt*) geleistet, sondern durch Beiträge wie Erwerbstätigkeit, Kinderbetreuung, Haushaltsführung, Wohnraumgewährung (= *Naturalunterhalt*). Eine Ausnahme von diesem Grundsatz bildet der *Taschengeldanspruch*. Jeder Ehegatte hat einen Anspruch auf Zahlung eines angemessenen Taschengeldes, über das er*sie frei nach seinen Vorstellungen verfügen kann (BGH FamRZ 2004, 1784). Das Taschengeld beträgt i. d. R. 5 % vom bereinigten (▶ Kap. 2.2.1) Familieneinkommen (BGH NJW 2014, 3514).

Exkurs: Aufgabenverteilung in der Ehe

Die Entscheidung, wie die Aufgabenverteilung in ihrer Ehe zu erfolgen hat, treffen die Ehegatten gemeinsam nach ihren *individuellen Vorstellungen*. Bis heute unterscheidet man zwischen verschiedenen Eheleitbildern, auch wenn dies zunehmend überholt erscheint (vgl. Wendl, & Dose 2019, § 3 Rn. 14–19).

- *Haushaltsführungsehe*
  Ein Ehegatte geht einer Erwerbstätigkeit nach und versorgt die Familie finanziell, während der andere Ehegatte den Haushalt und ggf. die Kinder versorgt. Die Haushaltsführung wird hierbei als gleich-

wertig betrachtet, d. h., von dem haushaltführenden Ehegatten wird keine Berufstätigkeit erwartet, auch wenn keine Kinder versorgt werden müssen.

- *Doppelverdienerehe*
  Beide Ehegatten finanzieren die wirtschaftliche Basis ihrer Ehe durch eine Vollzeittätigkeit. Die Haushaltsführung wird gleichmäßig aufgeteilt, auch wenn ein Ehegatte mehr verdient als der andere.
- *Zuverdienstehe*
  Ein Ehegatte geht einer Vollzeittätigkeit nach, während der andere Ehegatte grundsätzlich die Haushaltführung übernommen hat und zudem einer Nebentätigkeit nachgeht. Der Vollzeittätige hat den anderen Ehegatten bei der Haushaltführung angemessen zu entlasten.
- *Nichterwerbstätigenehe*
  Gehen beide Ehegatten keiner Erwerbstätigkeit nach, führen beide Ehegatten gemeinsam den Haushalt. Wird etwas erwirtschaftet, z. B. durch einen Nebenverdienst, muss dies zum Familienunterhalt beigesteuert werden.

Praxisbeispiel

Max und Eva leben in intakter Ehe zusammen. Sie haben eine gemeinsame Tochter (Chiara, 2 Jahre alt). Max verdient als Mechatroniker 2.300 € netto, Eva befindet sich im Erziehungsurlaub und hat keine Einkünfte. Sie führt den Haushalt und betreut Chiara. Max kommt seiner unterhaltsrechtlichen Verpflichtung durch seine Erwerbstätigkeit nach, Eva durch die Haushaltsführung und die Kindesbetreuung. Beide Ehegatten haben einen Anspruch auf Taschengeld i. H. v. ca. 5 % des Monatsnettoverdienstes (115 €).

1.1.2   Trennungsunterhalt

Rechtsgrundlagen: § 1361 BGB bzw. § 12 LPartG i. V. m. § 1361 BGB

Der Trennungsunterhalt entsteht nach Trennung der Eheleute bzw. Lebenspartner*innen bis zur rechtskräftigen Scheidung. Anders als der Anspruch auf Familienunterhalt, der grundsätzlich als *Naturalunterhalt* geschuldet wird, handelt es sich beim Anspruch auf Trennungsunterhalt um einen *Barunterhalt*. Das Getrenntleben verändert die ehelichen Verantwortlichkeiten, es hebt sie aber nicht auf. Da noch unklar ist, ob sich die Ehegatten bzw. Lebenspartner*innen wieder versöhnen oder die Trennung endgültig ist, steht insbesondere das *erste Trennungsjahr* unter dem Schutz der andauernden ehelichen Solidarität. Je länger die Trennung dauert, umso mehr werden die unterhaltsrechtlichen Verpflichtungen des Barunterhaltszahlenden herabgesetzt. Als *Faustregel* gilt, dass ein*e bis zur Trennung nicht erwerbstätige*r Ehegatte bzw. Lebenspartner*in im ersten Trennungsjahr nicht zu einer Erwerbstätigkeit verpflichtet ist, d.h. ihn*sie trifft keine Erwerbsobliegenheit (▶ Kap. 1.1.3). In diesem Zusammenhang ist damit gemeint, dass dem*der Unterhaltsberechtigten im ersten Trennungsjahr nicht zugemutet werden kann, seinen*ihren Bedarf durch eine (eigene) Berufstätigkeit zu finanzieren (vgl. Scholz, Stein & Kleffmann 2022, Teil H Rn. 21).

Praxisbeispiel

Tara hat sich nach einer 10-jährigen, kinderlosen Ehe von ihrem Mann Felix getrennt. Felix war während der Ehe der Alleinverdiener. Im ersten Trennungsjahr muss Felix Tara noch finanziell unterstützen. Tara muss das Trennungsjahr dazu nutzen, sich beruflich neu zu positionieren, damit sie nach Ablauf des Trennungsjahres und endgültigem Scheitern der Ehe auf eigenen Füßen stehen kann.

Exkurs: Trennung und Scheidung

Mit der Scheidungsrechtsreform 1977 wurde das »*Schuldprinzip*« bei der Scheidung aufgehoben, seitdem gilt das »*Zerrüttungsprinzip*«: Eine Scheidung setzt nunmehr das »Scheitern der Ehe« voraus, ohne dass es auf die Frage ankommt, wer dieses zu verantworten hat, § 1565 Abs. 1 Satz 1 BGB. Die Ehe ist gescheitert, wenn die *Lebensgemeinschaft* der

Ehegatten nicht mehr besteht und nicht erwartet werden kann, dass die Ehegatten sie wiederherstellen, § 1565 Abs. 1 Satz 2 BGB. Das Scheitern wird *vermutet* nach

- einjähriger Trennung, wenn beide Ehegatten die Scheidung wollen, § 1566 Abs. 1 BGB (Regelfall),
- nach dreijähriger Trennung, wenn nur ein Ehegatte die Scheidung beantragt, § 1566 Abs. 2 BGB.

Eine Scheidung kann auch bei unterjähriger Trennung erfolgen, wenn ein weiteres Festhalten an der Ehe für die antragstellende Person eine »unzumutbare Härte« darstellen würde, § 1565 Abs. 2 BGB. Da es sich um eine *Ausnahmevorschrift* handelt, muss es sich hierbei auch um eine *Ausnahmesituation* handeln (z.B. in Fällen der Verletzung der körperlichen Unversehrtheit). Eingetragene Lebenspartnerschaften werden durch »Aufhebung der Lebenspartnerschaften« gelöst; die Regelungen entsprechen jedoch denen der Scheidung von Ehen, § 15 LPartG.

1.1.3 Nachehelicher Unterhalt

Rechtsgrundlagen: §§ 1570 ff. BGB bzw. § 16 LPartG i. V. m. § 1570 ff. BGB

Grundsatz der Eigenverantwortung

Nach der Scheidung/Aufhebung der Lebenspartnerschaft muss jede*r Ehegatte bzw. Lebenspartner*in grundsätzlich selbst für seinen*ihren Unterhalt sorgen, § 1569 Satz 1 BGB. Ihn*sie trifft die *sog. Erwerbsobliegenheit*, die ihn*sie dazu verpflichtet, seine*ihre Bedürftigkeit durch die Aufnahme einer eigenen Erwerbstätigkeit zu beseitigen.

Erwerbsobliegenheit

Bei der Erwerbsobliegenheit handelt es sich um die *unterhaltsrechtliche Verpflichtung*, seine Arbeitskraft einzusetzen (BGH NJW 2005, 61). Sie trifft beim Ehegattenunterhalt grundsätzlich beide Beteiligten des Unterhaltsrechtverhältnisses (sowohl die Unterhaltsberechtigten als auch die Unterhaltsverpflichteten). Sie folgt aus dem *Grundsatz der Eigenverantwortung* (§ 1569 Satz 1 BGB), der durch die Unterhaltsrechtsrechtsreform im Jahr 2008 noch einmal betont wurde: Nach der Scheidung muss jede*r Ehegatte bzw. Lebenspartner*in grundsätzlich selbst für seinen*ihren Unterhalt sorgen. Dieser durch die Unterhaltsrechtsreform betonte Grundsatz der *nachehelichen Eigenverantwortung* wurde vor Einführung zum Teil auch heftig kritisiert (vgl. Klein & Schlechta 2005). Erwerbsbemühungen zeigen sich einmal in der Anzahl der Bewerbungsschreiben (20–30/Monat), aber auch in der Ernsthaftigkeit des Bemühens (Blindbewerbungen reichen i.d.R. nicht). Eine Ausnahme vom Grundsatz der Eigenverantwortung stellen die in §§ 1570 ff. BGB *abschließend* aufgezählten Fälle dar. Sind die dort genannten Voraussetzungen gegeben, steht Bedürftigen Unterhalt vom leistungsfähigen Ex-Ehegatten bzw. der*dem Ex-Lebenspartner*in zu (vgl. Elden 2012; Berringer & Menzel 2008). Der in der Praxis relevanteste Fall ist der Unterhalt wegen Betreuung eines gemeinschaftlichen Kindes.

Abweichungen vom Grundsatz der Eigenverantwortung

Nachfolgend werden die Fälle dargestellt, in denen auch nach der Scheidung nacheheliche Unterhaltsansprüche bestehen können.

Betreuungsunterhalt für Kinder

Rechtsgrundlage: § 1570 BGB

Gemäß § 1570 Abs. 1 Satz 1 BGB kann ein geschiedener Ehegatte von dem*der anderen wegen der Pflege oder Erziehung eines gemeinschaftlichen Kindes für mindestens drei Jahre nach der Geburt Unterhalt verlangen (*Basisunterhalt*).

Praxisbeispiel

Anna, die keiner Berufstätigkeit nachgeht, betreut nach der Scheidung von Ben den gemeinsamen Sohn Jan (zwei Jahre alt). Bis zur Vollendung des dritten Lebensjahres trifft Anna keine Erwerbsobliegenheit. Dies gilt auch, wenn Jan in einer Kita betreut werden kann oder die Großeltern ›einspringen‹ können.

Die Dauer des Unterhaltsanspruchs verlängert sich, solange und soweit dies der Billigkeit entspricht. Dabei sind die Belange des Kindes und die bestehenden Möglichkeiten der Kinderbetreuung zu berücksichtigen, § 1570 Abs. 1 Satz 2 und 3 BGB (Verlängerung aus *kindbezogenen* Gründen). Gemäß § 1570 Abs. 2 BGB kann der Betreuungsunterhalt *im Einzelfall* zusätzlich aus Gründen verlängert werden, die allein in der Ehe zu finden sind (Verlängerung aus *elternbezogenen* Gründen).

Praxisbeispiel (Fortsetzung)

Nachdem Jan drei Jahre alt geworden ist, kann sich der Anspruch demnach verlängern, wenn dies aus »kind- oder elternbezogenen Gründen« der Billigkeit (s. u. »Billigkeit«) entspricht. Das bedeutet, dass Anna grundsätzlich Betreuungsmöglichkeiten (Kita, Unterstützung des anderen Elternteils etc.) in Anspruch nehmen muss. Allerdings dürfen Arbeit und Kindesbetreuung sie nicht übermäßig belasten, so dass zunächst allenfalls eine Teilzeittätigkeit verlangt werden kann. Je älter und selbständiger Jan wird, umso mehr kann von Anna die Ausweitung ihrer Berufstätigkeit erwartet werden.

Bei der Frage, ob die Ausweitung der Berufstätigkeit zumutbar ist, spielen folgende Kriterien eine Rolle:

- Gesundheitszustand,
- Entfernungen zur Kita, zur Schule, zum Arbeitsplatz,

- Möglichkeit einer Nutzung des öffentlichen Personennahverkehrs durch das Kind,
- Art der ausgeübten beruflichen Tätigkeit (z. B. Schichtdienst),
- Alter des Kindes,
- Anzahl der zu betreuenden Kinder.

Praxisbeispiel

Marlene und Peter haben einen gemeinsamen Sohn Tim (18). Dieser ist schwerbehindert und bedarf ständiger Pflege. Wegen der Betreuung dieses gemeinsamen Sohns erzielt Marlene kein Erwerbseinkommen. Muss Peter, wenn er dazu finanziell in der Lage ist, Marlene auch nach der Scheidung Betreuungsunterhalt zahlen?

Sind die Eltern übereinstimmend der Auffassung, dass eine persönliche Betreuung des gemeinsamen Kindes mit Behinderung erforderlich ist, ist für die Bemessung des Betreuungsunterhalts nach § 1570 BGB von der *Notwendigkeit* einer *persönlichen* Betreuung auszugehen. Der Umfang der danach notwendigen persönlichen Betreuung ist dann bei der Bemessung einer *Erwerbspflicht* des betreuenden Elternteils zu berücksichtigen und kann aus *kindbezogenen* Gründen zu einer Verlängerung des Betreuungsunterhalts führen (BGH NJW 2010, 1665).

Eine Verlängerung des Betreuungsunterhalts aus *elternbezogenen* Gründen kommt z. B. in Betracht, wenn ein Ehegatte im Interesse der Kindererziehung seine Erwerbstätigkeit dauerhaft aufgegeben oder zurückgestellt hat und die Ehegatten diese Rollenverteilung im gegenseitigen Einvernehmen und Vertrauen praktiziert haben (Scholz, Stein & Kleffmann 2022, Teil H Rn. 55d).

Der Betreuungsunterhalt ist ein unterhaltsrechtlicher Anspruch des*der betreuenden Ehegatten, er dient der finanziellen Absicherung einer *kindgerechten Betreuung* und kommt somit dem zu betreuenden Kind *zugute*. Der Anspruch auf Betreuungsunterhalt ist im Vergleich zu den weiteren nachehelichen Unterhaltsansprüchen u. a. wie folgt *privilegiert*:

- Der Anspruch kann jederzeit *wieder aufleben*, auch wenn die Scheidung bereits vor Jahren vollzogen wurde (z. B. bei einer notwendigen Kinderbetreuung wegen einer Erkrankung/Behinderung des Kindes).
- Es müssen die *Interessen des Kindes* stets berücksichtigt werden.
- Vereinbarungen unter Eheleuten, die den *Verzicht* eines Anspruchs auf Betreuungsunterhalt beinhalten, werden von den Gerichten zum Schutz der zu betreuenden Kinder besonders kritisch im Hinblick auf Ihre *Wirksamkeit* überprüft.

Altersunterhalt

Rechtsgrundlage: § 1571 BGB

Gemäß § 1571 BGB kann ein geschiedener Ehegatte von dem anderen Unterhalt verlangen, soweit von ihm*ihr im Zeitpunkt

- der Scheidung,
- der Beendigung der Pflege oder Erziehung eines gemeinschaftlichen Kindes,
- des Wegfalls der Voraussetzungen für einen Unterhaltsanspruch nach den §§ 1572 und 1573 BGB (z. B. Wegfall des Unterhalts wegen Krankheit, da Unterhaltsberechtigter wieder gesund ist).

wegen seines Alters eine Erwerbstätigkeit nicht mehr erwartet werden kann, d. h., »das Alter« muss der Grund für die *Nicht-Erwerbstätigkeit* sein. Die Unzumutbarkeit der Erwerbstätigkeit muss zu den aufgezählten Zeitpunkten (Scheidung, Beendigung der Kindererziehung, Wegfall eines Anspruchs gemäß §§ 1572, 1573 BGB), den sog. *Einsatzzeitpunkten*, vorliegen.

Eine gesetzliche Definition von »Alter« gibt es nicht. Der Anspruch tritt jedoch dann auf den Plan, wenn das gesetzliche Rentenalter erreicht wurde oder wenn bereits vor Eintritt des Rentenalters altersbedingte Einschränkungen der körperlichen oder geistigen Kräfte vorliegen. Beim Altersunterhalt bekommt die Frage der *Befristung* und *Begrenzung* des Anspruchs gemäß § 1578b BGB Bedeutung (s.u. »Herabsetzung und zeitliche Begrenzung des nachehelichen Unterhalts«).

Praxisbeispiel

Marianne (65) und Michael (65), frisch pensionierter Gymnasiallehrer, sind schon seit 20 Jahren geschieden, nachdem sie zuvor 20 Jahre verheiratet waren. Die zwei gemeinsamen Töchter, die jetzt erwachsen sind, hat hauptsächlich Marianne versorgt, da sie ihren Beruf (Buchbinderin) nach Geburt der ersten Tochter aufgegeben hat. Nach der Scheidung hat sie in diesem Beruf nicht wieder Fuß fassen können, war zunächst arbeitslos und eine im Anschluss versuchte Selbständigkeit ist gescheitert. Dies resultierte auch daraus, dass Marianne aufgrund einer Uterusoperation und der daraus resultierenden Bewegungseinschränkungen nicht dazu in der Lage war, vollschichtig zu arbeiten. Seit der Scheidung hat Michael Marianne Unterhalt geleistet. Marianne hat durch den Versorgungsausgleich Rentenanteile von Michaels Rentenkonto auf ihr Rentenkonto übertragen bekommen. Sie hätte allein durch die Rente jedoch erhebliche Einbußen in ihrem Lebensstandard hinzunehmen. Michael ist erneut verheiratet und möchte, nach Pensionseintritt, an Marianne keinen Unterhalt mehr bezahlen.

Ob Marianne einen Anspruch auf Unterhalt hat, bedarf der gerichtlichen Klärung. In einem ähnlichen Fall hat das Amtsgericht Flensburg (FamRZ 2010, 1450) weiterhin Unterhalt zugesprochen und ist unter dem Gesichtspunkt »nachehelicher Solidarität« davon ausgegangen, dass eine zeitliche Befristung des Unterhaltsanspruchs nicht in Betracht kommt, da die Berechtigte zu Recht auf die Weitergewährung vertrauen durfte. Es hat den Anspruch aber herabgesetzt, d.h. in der Höhe reduziert (s.u. »Herabsetzung und zeitliche Begrenzung des nachehelichen Unterhalts«).

Krankenunterhalt

Rechtsgrundlage: § 1572 BGB

Ein geschiedener Ehegatte kann von dem anderen Unterhalt verlangen, solange und soweit von ihm*ihr vom Zeitpunkt

- der Scheidung,
- der Beendigung der Pflege oder Erziehung eines gemeinschaftlichen Kindes,
- der Beendigung der Ausbildung, Fortbildung oder Umschulung oder
- des Wegfalls der Voraussetzungen für einen Unterhaltsanspruch nach § 1573

an wegen Krankheit oder anderer Gebrechen oder Schwäche seiner*ihrer körperlichen oder geistigen Kräfte eine Erwerbstätigkeit nicht erwartet werden kann.

Auch der Krankenunterhalt basiert auf der Vorstellung *nachehelicher Solidarität*. Die Begriffe »Krankheit, Gebrechen oder Schwäche« sind gesetzlich nicht definiert. Es wird hierbei auf die Rechtsprechung des Bundessozialgerichts zurückgegriffen. Krankheit wird demnach als »regelwidriger Körper- oder Geisteszustand« beschrieben, der eine ärztliche Behandlung notwendig macht und/oder eine Arbeitsunfähigkeit bedingt. Hierunter fallen sowohl physische als auch psychische Erkrankungen, z. B. Depressionen. Gebrechen sind z. B. Blindheit, Taubheit, Lähmungen oder Körperbehinderungen (Wendl & Dose 2019, § 4 Rn. 238). Unter »Schwächen« werden z. B. vorzeitiger Kräfteverbrauch, Altersabbau verstanden (ebd.). Wie beim Altersunterhalt muss auch beim Krankenunterhalt die Erwerbsunfähigkeit zu bestimmten Zeitpunkten (Einsatzzeitpunkten) vorliegen.

Praxisbeispiel

Sven (41) ist schwer alkoholkrank und erwerbsunfähig; er möchte nach der Scheidung von Rainer (45) Unterhalt bekommen.

Alkoholismus, Drogen- oder Medikamentenabhängigkeit sind als Krankheiten anzusehen (Johannsen et al. 2020, § 1527 BGB Rn. 2–14). Sven ist aufgrund der Erkrankung erwerbsunfähig, so dass ein Anspruch grundsätzlich gegeben ist. Auch der Einsatzzeitpunkt (Zeitpunkt der Scheidung) liegt vor. Allerdings trifft Sven eine Obliegenheit, die Krankheit behandeln zu lassen, um für seine Genesung zu sorgen. Kommt er dieser Obliegenheit nicht nach, kann der Anspruch ggf. versagt werden. Nach dem neuen Unterhaltsrecht kommt darüber hinaus eine Begrenzung (Herabsetzung der Höhe des Anspruchs) und (zeitliche) Befristung des Krankenunterhalts gemäß § 1578b BGB nach »Billigkeitsgesichtspunkten« in Betracht (vgl. OLG Koblenz NJW 2009, 2315) (s. u. »Billigkeit«).

Unterhalt wegen Erwerbslosigkeit

Rechtsgrundlage: § 1573 Abs. 1 BGB

Gemäß § 1573 Abs. 1 BGB können geschiedene Ehegatten nach der Scheidung Unterhalt erhalten, wenn der*die Bedürftige keine angemessene Erwerbstätigkeit zu finden vermag. Der Anspruch ist im Hinblick auf Betreuungs-, Alters- oder Krankenunterhaltsansprüche *subsidiär*, d. h., er kommt nur dann in Betracht, wenn kein (vorrangiger) Anspruch nach §§ 1570, 1571 oder 1572 BGB gegeben ist. Darüber hinaus kommt der Erwerbsobliegenheit (s. o.) aus der Perspektive des*der Unterhaltsberechtigten eine große Bedeutung zu: Der*die Berechtigte muss sich um eine angemessene Erwerbstätigkeit bemühen.

Praxisbeispiel

Thea (53) und Ernst (55) lassen sich scheiden, nachdem sie zuvor 25 Jahre lang verheiratet waren. Die beiden gemeinsamen Kinder sind schon lange erwachsen. Vor der Geburt des ersten Kindes hat Thea als Textilfachverkäuferin gearbeitet, danach hat sie 25 Jahre lang nicht gearbeitet. Thea hat vor kurzem eine von der Arbeitsagentur geförderte Ausbildung als Bürokauffrau absolviert. Thea ist arbeitslos, Ernst arbeitet als Diplom-Ingenieur.

Nach der Rechtsprechung setzt der Anspruch voraus, dass sich der*die Ehepartner*in unter Einsatz aller zumutbaren und möglichen Mittel nachhaltig bemüht haben muss, eine angemessene Tätigkeit zu finden, wozu die bloße Meldung bei der Arbeitsagentur nicht genügt. Die Anzahl der Bewerbungen ist jedoch nur ein Indiz für entsprechende Arbeitsbemühungen, nicht aber deren alleiniges Merkmal. Die mangelhafte Arbeitssuche muss vielmehr für die Arbeitslosigkeit auch ursächlich sein. Eine Ursächlichkeit besteht z. B. nicht, wenn nach den tatsächlichen Gegebenheiten des Arbeitsmarkts sowie den persönlichen Eigenschaften und Fähigkeiten des*der Unterhalt begehrenden Ehepartner*in für ihn*sie keine reale Beschäftigungschance bestanden hat. Bei Thea ist zu berücksichtigen, dass ihr aufgrund ihres Alters und ihrer langen Berufsabstinenz aktuell jedenfalls eine Vollzeitstelle als Bürokauffrau oder Textilverkäuferin nicht offensteht (BGH NJW 2011, 3577).

Allgemeine Erfahrungssätze, dass z. B. Menschen »über 50«, mit Sprachschwierigkeiten, Ungelernte oder Langzeitarbeitslose *grundsätzlich* nicht vermittelbar sind, bestehen jedoch nicht. Kommt der*die Berechtigte seiner*ihrer Erwerbsobliegenheit nicht nach, kann ihm*ihr möglicherweise ein *fiktives Einkommen* zugerechnet werden. Es werden dann mögliche *erzielbare* Einkünfte (im Hinblick auf seine*ihre berufliche Qualifikation, Gesundheitszustand und Alter, Erwerbsbiographie sowie die Arbeitsmarktlage) und orientiert an der realen Beschäftigungschance des*der Pflichtigen angerechnet, was zu einem verringerten Anspruch führen kann.

Auch beim Unterhalt wegen Erwerbslosigkeit kommt es auf bestimmte »Einsatzzeitpunkte« an, zu denen der Anspruch vorliegen muss. Der Einsatzzeitpunkt »nach der Scheidung« bedeutet, dass die Arbeitslosigkeit in einem *zeitlichen Zusammenhang* zur Scheidung vorliegen muss (Faustformel: ein Jahr). Darüber hinaus kommt der Anspruch als »Anschlussunterhalt« in Betracht. Das bedeutet, dass dem*der Berechtigte*n wegen des fortgeschrittenen Alters des Kindes kein Anspruch mehr auf Betreuungsunterhalt oder nach der Gesundung kein Krankenunterhalt mehr zusteht, jedoch im Anschluss keine Arbeit gefunden werden kann. Der Anspruch endet, wenn der*die Berechtigte seinen*ihren Unterhalt nachhaltig selbst sichern kann, i. d. R. durch Erlangen eines dauerhaften Arbeitsverhältnisses.

Aufstockungsunterhalt

Rechtsgrundlage: (§ 1573 Abs. 2 BGB)

Kann der*die geschiedene Partner*in durch eigene, angemessene Erwerbstätigkeit den *vollen Unterhalt nach den ehelichen Lebensverhältnissen* nicht decken, kommt Aufstockungsunterhalt in Betracht. Die Vorschrift gewährte vor der Unterhaltsreform (s. o. »Erwerbsobliegenheit«) eine Art »Lebensstandardgarantie«. Auch nach der Unterhaltsrechtsreform soll sie einen »sozialen Abstieg« verhindern. Unterhaltsansprüche der §§ 1570, 1571, 1572 und 1573 BGB sind grundsätzlich vorrangig. Erzielt der*die Bedürftige zwar eigene Einkünfte, entsprechen diese aber nicht dem Niveau des Lebensstandards während der Ehe (»voller Unterhalt nach den ehelichen Lebensverhältnissen« gemäß § 1578), ergänzt der Aufstockungsunterhalt die fehlende Differenz. Eine lebenslange Beibehaltung des ehelichen Lebensstandards kommt (nur) noch im Ausnahmefall in Betracht, bei:

- Ehe von langer Dauer,
- Übernahme von erheblichen beruflichen Nachteilen wegen der Ehe,
- in besonderen Fällen bei gemeinsamen betreuungsbedürftigen Kindern,
- aus Gründen nachehelicher Solidarität.

In allen anderen Fällen wird dem*der Berechtigten im Fall einer Verbesserung seines*ihren Lebensstandards durch die Ehe nach einer Übergangszeit eine Reduzierung auf seinen*ihren vor der Ehe bestehenden Lebensstandard zugemutet. Beim Aufstockungsunterhalt gelten die gleichen Einsatzzeitpunkte wie beim Unterhalt wegen Erwerbslosigkeit gemäß § 1573 Abs. 1 BGB (Scheidung oder Wegfall der Ansprüche nach §§ 1570, 1571, 1572 sowie 1575 BGB).

Unterhalt bei Ausbildung, Fortbildung oder Umschulung

Rechtsgrundlage: § 1575 BGB

Hat der*die Bedürftige wegen der Ehe eine Schul- oder Berufsausbildung nicht aufgenommen oder abgebrochen, kann er von dem*der Verpflichteten bis zum Abschluss einer den eigenen Unterhalt nachhaltig sichernden Ausbildung Unterhalt verlangen. Der Anspruch setzt folgendes voraus:

- Die Ausbildung wurde in Erwartung der Ehe oder während der Ehe nicht aufgenommen oder abgebrochen (zeitlicher Zusammenhang zur Eheschließung plausibel z. B. durch Geburt eines Kindes).
- Der*die Bedürftige nimmt die ihn*sie qualifizierende Ausbildung alsbald nach der Scheidung auf.
- Die Ausbildung kann den eigenen Unterhalt nachhaltig sichern.
- Der Ausbildungsabschluss erfolgt innerhalb der üblichen Ausbildungszeit.

Unterhalt aus Billigkeitsgründen

Rechtsgrundlage: § 1576 BGB

Gemäß § 1576 BGB kann ein*e geschiedene*r Ehegatte von dem*der anderen Unterhalt verlangen, soweit und solange von ihm*ihr aus *sonstigen schwerwiegenden Gründen* eine Erwerbstätigkeit nicht erwartet werden kann und die Versagung von Unterhalt unter Berücksichtigung der Belange beider Ehegatten *grob unbillig* wäre.

Billigkeit

Bei dem Begriff »Billigkeit« handelt es sich um einen sog. »unbestimmten Rechtsbegriff«, der im Gesetz an verschiedenen Stellen in Erscheinung tritt. Unbestimmte Rechtsbegriffe werden nicht vom Gesetz selbst definiert, sondern sind bewusst vage formuliert, um den Rechtsanwendenden eine einzelfallgerechte Auslegung zu ermöglichen. Der Begriff erfordert stets eine Abwägung verschiedener (i. d. R. gegenläufiger) Interessen. Im unterhaltsrechtlichen Kontext werden in die Abwägung z. B. besondere Opfer des*der Bedürftigen während der Ehe (z. B. Pflege von Angehörigen des*der Verpflichteten) auf der einen

Seite bzw. ein Fehlverhalten des*der Bedürftigen auf der anderen Seite herangezogen. Nur wenn die Ablehnung eines Anspruchs dem Gerechtigkeitsempfinden grob widersprechen würde, kommt ein Anspruch in Betracht.

Es handelt sich hierbei um eine »Auffangnorm«, d. h., dieser Tatbestand kommt nur dann ›zum Zug‹, wenn sich aus den übrigen nachehelichen Unterhaltstatbeständen keine Ansprüche realisieren lassen. Gleichzeitig handelt es sich um eine *Ausnahmevorschrift*, die nur bei besonderen Härtefällen greift und folgendes voraussetzt:

- Es liegt ein sonstiger schwerwiegender Grund vor.
- Eine Erwerbstätigkeit kann wegen dieses schwerwiegenden Grundes nicht erwartet werden.
- Die Versagung des Unterhalts wäre grob unbillig.

Praxishinweis

Für die einzelnen Abschnitte müssen die Unterhaltsansprüche jeweils neu ausgehandelt, d. h. geltend gemacht und tituliert werden. Fällt ein Unterhaltsanspruch weg (z. B. wegen der Betreuung gemeinsamer Kinder) und soll ein Anspruch im Anschluss daran auf einen anderen Sachverhalt gestützt werden (z. B. Arbeitslosigkeit), müssen die Ansprüche ohne Unterbrechung (lückenlos) aufeinander folgen (sog. »Unterhaltskette«). Eine Unterbrechung der »Unterhaltskette« führt zu einem (dauerhaften) Erlöschen von Ansprüchen (BGH NZFam 2016, 72).

Herabsetzung und zeitliche Begrenzung des nachehelichen Unterhalts

Besteht ein nachehelicher Unterhaltsanspruch, so kann dieser jedoch gemäß § 1578b BGB herabgesetzt oder zeitlich begrenzt werden. Nach der Unterhaltsrechtsreform kommt dem § 1578b BGB eine besondere Bedeutung zu. Demnach ist der nacheheliche Unterhalt herabzusetzen (d.h. in der Höhe zu reduzieren, § 1578b Abs. 1 BGB) oder zeitlich zu begrenzen (§ 1578b Abs. 2 BGB), wenn ein unbegrenzter Unterhalt auch unter der Wahrung der Belange eines dem*der Unterhaltsberechtigten zur Pflege und Erziehung anvertrauten gemeinschaftlichen Kindes unbillig wäre.

Praxisbeispiel

Max und Maria haben im Jahr 2010 geheiratet und sind 2015 Eltern einer Tochter (Marta) geworden. Im Jahr 2017 haben sie sich getrennt. Marta lebt seit der Trennung bei Max. Seitdem Marta eineinhalb Jahre alt ist, also bereits vor der Trennung, arbeitet Max wieder vollschichtig, so wie vor der Geburt des Kindes. Er bezieht zunächst mehr als 400 € monatlich Trennungsunterhalt. Das Amtsgericht hat nachehelichen Unterhalt in Höhe von 219 € monatlich zugesprochen und diesen bis einschließlich 31.1.2022 befristet. Die Scheidung ist seit 27.12.2021 rechtskräftig. Auf die hiergegen gerichtete Beschwerde von Max ändert das Oberlandesgericht die Dauer der Befristung auf bis einschließlich 31.1.2023, wobei es Unterhalt ab dem 1.1.2022 in Höhe von 206 € zuspricht.

»Ehebedingte Nachteile«, d.h. Erwerbsnachteile, die durch die von den Ehegatten praktizierte Rollenverteilung während der Ehe entstanden sind, beispielsweise wenn ein Ehegatte sich entschließt, den Arbeitsplatz aufzugeben, um die Haushaltsführung und Kinderbetreuung zu übernehmen, sind in dem Praxisbeispiel nicht erkennbar. Max hat keine finanziellen Einbußen durch die Ehe und Kinderbetreuung. Das Oberlandesgericht hat aber unter dem Aspekt »nachehelicher Solidarität« berücksichtigt, dass Max die Hauptlast der Betreuung trägt und zudem vollschichtig arbeitet, obwohl von ihm eine vollschichtige Tätigkeit wegen des jungen Alters des Kindes nicht verlangt werden kann. Aus diesem Grund hat es einen nachehelichen Unterhaltsanspruch grundsätzlich zugesprochen. Es hat diesen jedoch auf den Zeitraum von rund 13 Monaten befristet. In diese Abwägung hat es einbezogen, dass die achtjährige Ehe nicht von langer Dauer war und bereits über vier Jahre Trennungsunterhalt gezahlt wurde.

Möglich ist zudem eine Kombination aus Herabsetzung und zeitlicher Begrenzung (§ 1578b Abs. 3 BGB). Es kann eine lebenslange Beibehaltung des ehelichen Lebensstandards nur dann angemessen sein, wenn etwa die Ehe lange gedauert, wenn aus ihr gemeinsame Kinder hervorgegangen, die der*die Berechtigte betreut hat, wenn er*sie erhebliche berufliche Nachteile um der Ehe willen auf sich genommen hat oder wenn sonstige Gründe, wie z. B. Alter oder Gesundheitszustand des*der Berechtigten, für eine dauerhafte Lebensstandardgarantie sprechen (BGH FPR 2008, 449). Ehebedingte Nachteile sind Hinderungsgründe für ein berufliches Fortkommen, die ein Ehegatte aufgrund der Ehe und der damit verbundenen Rollenaufteilung (Haushaltsführung, Kinderbetreuung) erlitten hat. Es kann sich um finanzielle Einbußen (Einkommen und/oder Versorgungsanwartschaften) oder berufliche Aufstiegsmöglichkeiten handeln. Ein durchgeführter Versorgungsausgleich kann nach Renteneintritt bestehende ehebedingte Nachteile ggf. ausgleichen (OLG Schleswig, NJW 2009, 2223 ff.).

Im Rahmen einer sog. »Billigkeitsabwägung« (s. o. »Billigkeit«) müssen hierbei verschiedene Aspekte abgewogen werden, u. a.:

- Alter des*der Berechtigten,
- finanzielle Verhältnisse der Ehegatten,
- Vertrauen des*der Berechtigten in den »Status quo«,
- ehebedingte Nachteile,
- Ehedauer,
- eheliche Lebensleistung,
- Erwerbsbemühungen des*der Berechtigten,
- altersbedingt fehlende Möglichkeit des*der Unterhaltsberechtigten aufgrund eigener Einkünfte seinen*ihren Lebensstandard zu erhöhen,
- Sicherung des Existenzminimums (vgl. MüKoBGB/Maurer BGB § 1578b Rn. 136–139).

1.2 Kindesunterhalt

Die Frage, wer in welcher Art und Höhe den Lebensunterhalt eines Kindes finanziert, wird zum einen bei der Trennung der Eltern relevant. Sie stellt sich zum anderen aber auch, wenn Kinder einen neuen Lebensabschnitt erreichen (Volljährigkeit, Beendigung der Schulausbildung etc.). Grundsätzlich unterschieden wird zunächst zwischen *minderjährigen* und *volljährigen* Kindern. Der Unterhaltsanspruch minderjähriger Kinder wird bevorzugt ausgestaltet, es gilt eine *verschärfte Unterhaltpflicht* sowie eine *gesteigerte Erwerbsobliegenheit.* Beides gilt darüber hinaus auch für die sog. *privilegiert Volljährigen* (s.u.). Minderjährige und privilegiert Volljährige leiten *ihre Lebensstellung* und somit ihre *zu erwartenden Unterhaltsbeträge* von ihren unterhaltspflichtigen Eltern und somit von deren Einkommen ab (▶ Kap. 2.1.3).

Verschärfte Unterhaltspflicht, gesteigerte Erwerbsobliegenheit, Zurechnung fiktiver Einkünfte

Eltern haften für ihre minderjährigen unverheirateten Kinder verschärft, d.h., sie haben alle verfügbaren Mittel bis zum sog. *notwendigen Selbstbehalt* (▶ Kap. 2.1.4) einzusetzen, § 1603 Abs. 2 Satz 1 BGB. Unterhaltsschuldner*innen haben bis zur *absoluten Opfergrenze* (Existenzminimum) alle verfügbaren Mittel für den Lebensunterhalt dieser Kinder sicherzustellen (sie müssen quasi ›*das letzte Hemd*‹ geben). Dies bedeutet auch eine gesteigerte Anforderung an die *Ausnutzung der Arbeitskraft.* Unterhaltsverpflichtete müssen daher z.B. grundsätzlich einer Erwerbstätigkeit nachgehen, die den *Mindestunterhalt* (▶ Kap. 2.1.3: »Düsseldorfer Tabelle und Mindestunterhalt«) des Kindes sicherstellt. Ist der*die Unterhaltsschuldner*in arbeitslos, befreit ihn*sie dies grundsätzlich nicht von seiner*ihrer Unterhaltspflicht wegen *mangelnder Leistungsfähigkeit* (▶ Kap. 2.1.4). Erst wenn der*die gesteigert Unterhaltsverpflichtete nachweist, dass er*sie sich *ernsthaft* und *intensiv* um eine *zumutbare Arbeitsstelle* bemüht, kann die Unterhaltspflicht im Falle einer Arbeitslosigkeit entfallen. Anderenfalls werden nicht nur die tatsächlichen, sondern auch die *fiktiv erzielbaren Einkünfte* (im Hinblick auf seine*ihre berufliche Qualifikation, Gesundheitszustand und Alter, Erwerbsbiographie sowie die Arbeitsmarktlage) berücksichtigt (BGH NJW 2009, 1410). Deren Höhe orientiert sich an der realen Beschäftigungschance des*der Pflichtigen. Die Zurechnung *fiktiver Einkünfte*, ohne dass tatsächliche Einkünfte in der Höhe vorhanden sind, kann für den*die Unterhaltsverpflichtete zu einer Überschuldung führen (▶ Kap. 4.2).

Beispiele für die Anforderungen, die an den*die gesteigert Unterhaltsverpflichtete(n) gestellt werden können:

- die Ausnutzung der Arbeitszeithöchstgrenze (48 Stunden pro Woche),
- die Aufnahme einer Nebentätigkeit,
- das Zurückstellen eigener Aus- und Weiterbildungsinteressen,
- bis zu 30 ernsthafte Bewerbungsschreiben pro Monat (vgl. Schuldei 2018).

Privilegiert/nicht privilegiert Volljährige

Privilegiert sind volljährige Kinder unter folgenden Voraussetzungen, die allesamt zutreffen müssen:

- bis zur Vollendung des 21. Lebensjahres,
- solange sie im Haushalt der Eltern oder eines Elternteils leben,
- nicht verheiratet sind,
- sich in der allgemeinen Schulausbildung befinden.

Im Hinblick auf privilegiert Volljährige gilt die verschärfte Unterhaltspflicht und die gesteigerte Erwerbsobliegenheit (s. o. »Verschärfte Unterhaltspflicht, gesteigerte Erwerbsobliegenheit, Zurechnung fiktiver Einkünfte«). Darüber hinaus befinden sich diese Kinder im ersten unterhaltrechtlichen Rang (▶ Kap. 2.1.5).

Nicht privilegiert Volljährige sind diejenigen Volljährigen, die nicht unter die oben genannten Voraussetzungen fallen. Für sie gilt keine verschärfte Unterhaltspflicht und gesteigerte Erwerbsobliegenheit. Der Selbstbehalt (▶ Kap. 2.1.4) wird höher bemessen. Sie befinden sich im vierten unterhaltsrechtlichen Rang (▶ Kap. 2.1.5).

Eine Unterscheidung zwischen ehelichen und nichtehelichen Kindern findet nicht statt, d.h., sie werden gleichbehandelt (vgl. Scholz, Stein & Kleffmann 2022, Teil I Rn. 169–171).

1.2.1 Minderjährige Kinder

Grundsätzlich sind beide Elternteile ihren Kindern zum Unterhalt verpflichtet, § 1606 Abs. 3 Satz 1 BGB. Der Elternteil, der ein minderjähriges Kind betreut, erfüllt seine Verpflichtung, zum Unterhalt des Kindes beizutragen, i.d.R. durch die Pflege und die Erziehung des Kindes, § 1606 Abs. 3 Satz 2 BGB. Hierdurch wird er*sie von seiner*ihrer Barunterhaltspflicht befreit, auch wenn er*sie eigene Einkünfte hat. Der andere Elternteil, bei dem das minderjährige Kind nicht lebt, ist allein barunterhaltspflichtig. Nur in ganz krassen Fällen eines finanziellen Ungleichgewichts kann es zu Ausnahmen kommen.

Praxisbeispiel

Mara, die eine Teilzeitstelle als Erzieherin in einer Kita hat, lebt mit ihrer achtjährigen Tochter Sophie vom Kindesvater Mario, Verkäufer in einem Baumarkt, getrennt. Sophie besucht Mario alle 14 Tage für ein Wochenende.

In dieser (noch) vorherrschenden Konstellation des sog. *Residenzmodells* ist Mario seiner Tochter allein barunterhaltspflichtig. Sophie kommt ihrer Unterhaltspflicht durch ihre Betreuungsleistung nach. Die Höhe des Unterhalts bestimmt sich daher allein nach den Einkünften des barunterhaltspflichten Mario (▶ Kap. 2.1.3).

Praxisbeispiel

Lara (5) lebt nach der Trennung ihrer Eltern abwechselnd beim Vater und bei der Mutter.

Im sog. *Wechselmodell* haften nach aktueller Rechtsprechung beide Elternteile anteilig, entsprechend ihren Einkommensverhältnissen, für den Barunterhalt ihres Kindes. Der von einigen Jurist*innen für denkbar gehaltene Vorschlag, wegen der anteiligen Betreuungsarbeit beide Elternteile auch von der Barunterhaltspflicht zu entlasten (vgl. zu verschiedenen Lösungsansätzen Schilling 2006, 291), wurde vom Bundesgerichtshof (zu Recht) verworfen (BGH NJW 2017, 1676). In der Praxis besteht i.d.R. zwischen den Elternteilen häufig ein Gehaltsgefälle, so dass diese Handhabung dem Kind nicht zugutegekommen wäre.

Praxishinweis

Grundsätzlich gilt bei der Geltendmachung von Unterhaltsansprüchen minderjähriger Kinder bei gemeinsamer elterlicher Sorge, dass der Elternteil, in dessen Obhut sich das Kind befindet, Unterhaltsansprüche des Kindes gegen den anderen Elternteil geltend machen kann, § 1629 Abs. 2 Satz 2 BGB. Praktizieren die Eltern ein paritätisches Wechselmodell, kann das Kind durch keinen Elternteil unterhaltsrechtlich vertreten werden. Es bietet sich an, das Jugendamt als Ergänzungspfleger zur Geltendmachung von Unterhaltsansprüchen zu bestellen, OLG Celle NJW 2020, 1231.

Exkurs: Betreuungsmodelle minderjähriger Kinder
Residenzmodell

Das Kind lebt bei einem Elternteil, der das Kind überwiegend betreut; hierdurch entfällt seine*ihre Barunterhaltspflicht. Der andere Elternteil leistet die finanzielle Basis zur Betreuung und Versorgung durch die Zahlung von Barunterhalt.

Wechselmodell

Der Gegenentwurf zum Residenzmodell bildet die gemeinsame Betreuung des Kindes durch seine Eltern. Das Wechselmodell soll laut Koalitionsvertrag der »Ampel-Parteien« im künftigen Familienrecht in den Mittelpunkt gerückt werden (»Ampel-Koalitionsvertrag«, 102: https://www.bundesregierung.de/resource/blob/974430/1990812/04221173eef9a6720059cc353d759a2b/2021-12-10-koav2021-data.pdf?download=1). Da das Wechselmodell bislang gesetzlich noch nicht definiert ist, bestehen in der Praxis noch einige offene Fragen, insbesondere zu Art und Umfang der konkreten Betreuungszeiten. Einigkeit besteht, dass die Betreuungszeiten der Eltern annähernd identisch sein müssen und sich beide die Verantwortung und die Erziehungsarbeit paritätisch aufteilen.

Nestmodell

Es handelt sich um eine alternative Form des Wechselmodells: Das Kind lebt in derselben Wohnung, die Eltern wechseln sich aber in der Betreuung des Kindes hälftig ab. Die Eltern müssen sich bei diesem Modell nicht nur drei Haushalte (das Kind in einer Wohnung und die Eltern jeweils in einer eigenen Wohnung) leisten können, sondern auch erheblich kooperativ sein (vgl. zu den Betreuungsmodellen: Salzgeber & Bublath 2016).

Praxisbeispiel

Timo (12), der zunächst bei seiner Mutter gelebt und seinen Vater nur selten gesehen hat, ist auf Veranlassung des Jugendamts und aufgrund einer familiengerichtlichen Entscheidung dauerhaft in einer Pflegefamilie untergebracht.

Da Timo dauerhaft fremduntergebracht ist, erbringt die Kindesmutter keine Betreuungsleistung (mehr). Ihre Befreiung von der Barunterhaltspflicht entfällt. In dieser Konstellation sind beide Elternteile anteilig, entsprechend ihren Einkommensverhältnissen, barunterhaltspflichtig. Dem Grunde nach besteht die zivilrechtliche Unterhaltsverpflichtung auch bei einer Fremdunterbringung. Doch tritt durch die Leistungen des Kinder- und Jugendhilferechts unterhaltsrechtliche Bedarfsdeckung (▶ Kap. 2.1.3) ein, d. h., das Jugendamt übernimmt die Unterhaltskosten. Gemäß § 92 Abs. 2 SGB VIII werden beide Eltern, entsprechen ihrer Leistungsfähigkeit, durch Erhebung eines Kostenbeitrags herangezogen.

1.2.2 Volljährige Kinder

Wird das Kind volljährig, endet das elterliche Sorgerecht, es muss nicht mehr »betreut« werden. Somit entfällt die Gleichwertigkeit von Betreuungs- und Barunterhalt. Beide Elternteile haften nun anteilig für den Barunterhalt des Kindes, entsprechend ihren Einkommensverhältnissen. Es wird davon ausgegangen, dass sich der Barbedarf des Kindes erhöht, auch wenn der Elternteil, bei dem das Kind lebt, noch Betreuungsleistungen erbringt. Zu unterscheiden ist zwischen nicht privilegiert und privilegiert Volljährigen (▶ Kap. 1.2).

Praxisbeispiel: »Privilegiert/nicht privilegierte Volljährige«

Die Zwillinge Max und Mia (18 Jahre und nicht verheiratet) leben bei ihrer Mutter Lisa, die sich vom Kindesvater Axel getrennt hat. Max besucht die 12. Klasse eines Gymnasiums, Mia macht eine Ausbildung zur Zahntechnikerin. Max ist ein sog. privilegiert Volljähriger, Mia hingegen eine nicht privilegiert Volljährige. Beide Eltern haften für den Barunterhalt ihrer Kinder anteilig. Im Hinblick auf Max gilt die verschärfte Unterhaltspflicht sowie gesteigerte Erwerbsobliegenheit; er befindet sich im ersten unterhaltsrechtlichen Rang. Die Barunterhaltsverpflichteten müssen ›das letzte Hemd‹ geben, um Max' Unterhalt sicherzustellen (s. o. »Verschärfte Unterhaltspflicht, gesteigerte Erwerbsobliegenheit, Zurechnung fiktiver Einkünfte«). Dies gilt allerdings nicht für Mia. Kann sie ihren Lebensunterhalt nicht durch ihre Ausbildungsvergütung sicherstellen, müssen die Eltern zwar auch grundsätzlich ›einspringen‹. Zur Sicherstellung von Mias Bedarf müssen sie sich aber nicht bis an das eigene Existenzminimum bringen. Im Falle einer Arbeitslosigkeit müssen sie nicht die unter Kapitel 1.2.1 genannten Anforderungen erfüllen, die Zurechnung fiktiver Einkünfte findet nicht statt.

1.3 Sonstige Konstellationen

1.3.1 Elternunterhalt

Die als demographischer Wandel bezeichnete Alterung der Bevölkerungsstruktur führt zu einer gestiegenen Bedeutung des Elternunterhalts. Die sog. »Sandwich-Generation« der 40- bis 60-Jährigen sieht sich in vielen Fällen, wegen der Verpflichtungen ihren eigenen Kindern gegenüber oder aus beruflichen Gründen, außerstande ihre Eltern zu Hause pflegen zu können. Die betagten Eltern wiederum haben häufig keine ausreichende Altersvorsorge betrieben (betreiben können), um die Pflegekosten zu bezahlen. Der Sozialleistungsträger muss daher für die Pflegekosten ›einspringen‹, der Unterhaltsanspruch geht auf den Sozialleistungsträger über (▶ Kap. 5.1). Dieser versucht in der Folge, zumindest einen Teil der Kosten von den unterhaltspflichtigen Kindern zurückzuerlangen. Durch die seit dem 1.9.2022 deutlich gestiegenen Mindestlöhne in der Altenpflege wird sich die »Pflegelücke« in der Zukunft voraussichtlich ausweiten. Denn die gestiegenen Löhne werden durch höhere Pflegekosten auf die hilfsbedürftigen Menschen ›umgelegt‹ (https://www.zeit.de/wirtschaft/2020-01/altenpflege-pflegemindestlohn-gehalt-erhoehung-arbeit, zuletzt abgerufen am 7.10.2022).

Praxisbeispiel

Hans (89) kann sich nach dem Tod seiner Ehefrau Elfriede nicht mehr in seiner Wohnung allein versorgen. Der einzige Sohn Thomas (60) hat daher für seinen Vater einen Platz in einem städtischen Pflegeheim organisiert. Hans erhält als ehemaliger Hausmeister einer Wohnungsgenossenschaft eine monatliche Rente i. H. v. 1.100 €. Thomas ist verbeamteter Lehrer (Schulleiter) mit einem monatlichen Nettoeinkommen von 5.000 € (Jahresbruttogehalt: 91.500 €) und hat selbst drei Kinder, die alle in einer anderen Stadt studieren. Seine Frau Olga, die als freiberufliche Fitnesstrainerin arbeitet, verdient monatlich ca. 1.500 € (Jahresbruttoeinkommen: 36.000 €). Das gemeinsame Eigenheim ist finanziert und wird mit monatlich 1.200 € abbezahlt. Die Kinder erhalten zur Finanzierung ihres Studiums von ihren Eltern zusammen monatlich 2.500 €. Sonstige Verbindlichkeiten bestehen nicht. Die Pflegekosten für Hans werden monatlich 3.500 € betragen. Die Leistungen der gesetzlichen Pflegeversicherung betragen 1.262 € (Pflegegrad 3). Es besteht daher eine monatliche Pflegelücke i. H. v. 1.138 €.

Elternunterhalt unterliegt als Verwandtenunterhalt zunächst keinen Sonderregeln. Dies ist keinesfalls selbstverständlich; im angloamerikanischen oder skandinavischen Recht haben Eltern ihren Kindern gegenüber z.B. keinerlei Unterhaltsansprüche. Die Gerichte haben folgende ›Eckpfeiler‹ in ihrer Rechtsprechung hervorgebracht:

- Das auskömmliche Familieneinkommen des Kindes muss gesichert sein.
- Das Kind muss keine spürbare und dauerhafte Senkung seiner Lebensverhältnisse hinnehmen.
- Die Selbstbehalte (► Kap. 2.1.4) liegen deutlich über den Selbstbehalten gegenüber Kindern und (Ex-)Ehegatten bzw. (Ex-)Lebenspartner*innen (2.000 € bei Ledigen und 3.600 € bei Verheirateten).
- Eltern befinden sich im unterhaltsrechtlichen Rangverhältnis (► Kap. 2.1.5) hinter Kindern und (Ex-)Ehegatten bzw. (Ex-)Lebenspartner*innen.
- Selbstbehalte sind »dynamisch«: Liegt das Einkommen über dem Selbstbehalt, muss nur die Hälfte des den Selbstbehalt übersteigenden Einkommens für den Unterhalt eingesetzt werden.

Zum 1.1.2020 ist das »Angehörigen-Entlastungsgesetz« in Kraft getreten. Bezieht ein Elternteil Leistungen nach dem SGB XII, kann der Sozialhilfeträger Angehörige, insbesondere volljährige Kinder, nur dann in Regress nehmen, wenn ihr Gesamteinkommen 100.000 € übersteigt (§ 94 Abs. 1a Satz 1 SGB XII). Hierbei handelt es sich um Bruttoeinkünfte i. S. des Einkommensteuerrechts. Vorhandenes Vermögen wird nicht berücksichtigt (vgl. Hauß 2020, 11 ff.).

Im *Beispielsfall* liegt das Bruttojahresgehalt des Sohnes Thomas unterhalb der 100.000 €-Grenze. Das Familieneinkommen, das Thomas zusammen mit seiner Frau Olga erwirtschaftet liegt jedoch mit 127.500 € über der 100.000 €-Grenze. Im Rahmen des Anspruchsübergangs gemäß § 94 SGB XII (▶ Kap. 5.2) ist das Einkommen des Ehegatten des Kindes (also von Olga) nicht relevant. Erst wenn das alleinige Einkommen des Kindes die 100.000 €-Grenze überschreitet, wird auch das Einkommen des Schwiegerkindes relevant, da sich dann die Höhe des Unterhaltsanspruchs, der auf den Sozialhilfeträger übergeht, nach §§ 1601 ff. BGB richtet. Hierbei kann nun auf das Vermögen des Kindes zurückgegriffen werden, soweit es über dem Schonvermögen liegt. Wie das Schwiegerkind an den Unterhaltskosten beteiligt wird, lässt sich dem nachfolgenden Praxisbeispiel entnehmen.

Abwandlung Praxisbeispiel

Die Grundsituation ist wie im obigen Beispiel, Thomas verdient als Ministerialbeamter mit Nebeneinkünften jedoch 110.000 € im Jahr. Olga verdient 17.500 € pro Jahr dazu.

In diesem Fall liegt Thomas mit seinem Einkommen über der 100.000 €-Grenze des § 94 Abs. 1a SGB XII. Die Berechnung der Höhe des zu zahlenden Unterhaltsbetrags richtet sich nun nach den zivilrechtlichen Unterhaltsregelungen. Relevantes Einkommen ist bei Verheirateten das Familieneinkommen, d. h., das Bruttojahreseinkommen von Thomas und Olga wird zusammengerechnet. Thomas und Olga haben zusammen auch in diesem Beispiel ein Bruttojahreseinkommen i. H. v. 127.500 €. Der Selbstbehalt (▶ Kap. 2.1.4) liegt bei Verheirateten deutlich höher als bei Ledigen (Selbstbehalt Lediger: mindestens 2.000 €, Selbstbehalt Verheirateter = 3.600 €). Da Thomas und Olga von ihrem Nettoeinkommen i. H. v. 6.500 € nach Abzug der Kosten für das Eigenheim (1.200 €) sowie der vorrangigen und angemessenen Unterhaltskosten ihrer studierenden

Kinder (2.500 €) lediglich 2.800 € verbleiben, wäre bei einer Inanspruchnahme der Selbstbehalt (3.600 €) unterschritten. Thomas wird daher auch in der Abwandlung des Beispiels nicht für die fehlenden Pflegekosten herangezogen werden.

1.3.2 Enkelunterhalt

Eine Haftung der Großeltern für den Unterhalt ihrer Enkel tritt nur dann auf den Plan, wenn die primär haftenden Eltern leistungsunfähig sind. Eine Unterscheidung zum Kindesunterhalt besteht in der fehlenden Referenz zur Lebensstellung der Eltern. Bei minderjährigen und privilegiert Volljährigen werden ihre zu erwartenden Unterhaltsbeträge nach den Einkommensverhältnissen ihrer Eltern bestimmt. Diese sind aber im Falle einer Inanspruchnahme der Großeltern leistungsunfähig. Zudem kann nicht einfach auf die Lebensstellung der Großeltern zurückgegriffen werden, da die Enkel im Falle einer unterhaltsrechtlichen Auseinandersetzung nicht im Lebensumfeld der Großeltern wohnen. Als Untergrenze wir daher auf den sog. Mindestunterhalt zurückgegriffen. Zudem schulden Großeltern ihren Enkeln die Finanzierung einer angemessenen Berufsausbildung nach den hierfür geltenden Sätzen (▶ Kap. 2.1.3).

Praxisbeispiel

Felix (17) hat seine Eltern bei einem Verkehrsunfall verloren. Seine Großeltern sind streng religiös und seine Eltern hatten zu ihren Eltern bereits vor Felix' Geburt kein gutes Verhältnis, Felix kennt seine Großeltern kaum. Solange sich Felix noch in der allgemeinen Schulausbildung befindet, dürften die Großeltern für den Mindestunterhalt haften, soweit sie leistungsfähig sind (▶ Kap. 2.1.4). Für den Fall einer Berufsausbildung oder eines Studiums gelten die Regelungen der Düsseldorfer Tabelle zum Unterhaltsbedarf (unter Anrechnung einer etwaigen Ausbildungsvergütung, ▶ Kap. 2.2.3).

In der Praxis werden Großeltern selten in Anspruch genommen, da dem bedürftigen Enkelkind i. d. R. ein Anspruch auf Sozialhilfe oder ALG II zusteht und der Träger der öffentlichen Hilfe den zivilrechtlichen Unterhaltsanspruch in diesem Fall nicht auf sich überleiten kann (§ 94 Abs. 1 Satz 3 SGB XII, ▶ Kap. 5.1).

1.3.3 Betreuungsunterhalt Unverheirateter

Betreuungsunterhalt gemäß § 1615 l BGB wird der Unterhalt genannt, den der betreuende Elternteil *für sich* beanspruchen kann, wenn die Kindeseltern nicht miteinander verheiratet waren. Aus der Sicht des zu betreuenden Kindes macht es keinen Unterschied, ob seine Eltern einmal miteinander verheiratet waren oder nicht. Daher hat das Bundesverfassungsgericht im Jahr 2007 eine Gleichbehandlung hinsichtlich der Dauer der jeweiligen Betreuungsunterhaltsansprüche eingefordert (BVerfG FamRZ 2007, 965). Zuvor hat das Unterhaltsrecht eheliche Kinder mehr geschützt als nichteheliche Kinder, indem der nacheheliche Betreuungsunterhalt länger gewährt wurde als der Betreuungsunterhalt Unverheirateter. Im Zuge der Unterhaltsreform im Jahr 2008 wurde das sog. »Altersphasenmodell« abgeschafft und es wurden Betreuungsunterhaltsansprüche angeglichen (Unterhaltsrechtsänderungsgesetz vom 21.12.2007). Das betreuende Elternteil kann demnach, unabhängig davon, ob es mit dem anderen Elternteil einmal verheiratet war oder nicht, vom unterhaltspflichtigen Elternteil bis zur Vollendung des dritten Lebensjahres des Kindes Unterhalt beanspruchen. Über das dritte Lebensjahr hinaus müssen wie beim Ehegattenunterhalt (▶ Kap. 1.1.3: »Betreuungsunterhalt für Kinder«) kindbezogene oder elternbezogene Gründe vorliegen, die einen weitergehenden Unterhaltsanspruch rechtfertigen.

Ein wichtiger Unterschied besteht zwischen dem Betreuungsunterhalt bei Ex-Ehegatten bzw. Ex-Lebenspartner*innen und dem Betreuungsunterhalt Unverheirateter: Während sich die Frage nach der Höhe des Unterhalts im ersten Fall nach den *ehelichen Lebensverhältnissen* (▶ Kap. 2.1.3) und somit nach dem Einkommen des*der Unterhaltspflichtigen bestimmt, kommt es im zweiten Fall auf die Einkommenssituation des*der Unterhaltsberechtigten an. In den Leitlinien der Oberlandesgerichte wird zudem ein Mindestbedarf festgelegt, der derzeit bei 960 € liegt.

Praxisbeispiel

Mike ist mit Lara verheiratet, die sich von ihm getrennt hat und wegen der Betreuung des gemeinsamen Sohnes Linus (2) Betreuungsunterhalt möchte. Aus einem One-Night-Stand mit Marta hat Mike zudem seine Tochter Merle (1). Marta möchte wegen der Betreuung ihrer Tochter ebenfalls Betreuungsunterhalt. Bis zur Vollendung des dritten Lebensjahres der Kinder können die Mütter im Falle von Mikes Leistungsfähigkeit Betreuungsunterhalt beanspruchen. Die Höhe des Unterhaltsanspruchs richtet sich im Falle von Lara nach den ehelichen Lebensverhältnissen und somit nach Mikes Einkommen. Im Hinblick auf Marta kommt es hingegen darauf an, was Marta verdient i. S. einer Kompensation für die durch die Kinderbetreuung bedingten Nachteile in eigener beruflicher Entwicklung (BeckOGK/Lugani BGB § 1615 l Rn. 47).

Exkurs: Die Entwicklung des Betreuungsunterhalts Unverheirateter

Die Ansprüche des nichtehelichen Elternteils anlässlich der Geburt eines Kindes wurde in den Anfangsjahren des BGB nicht als »Unterhalt«, sondern als »Ersatzanspruch« der durch Schwangerschaft und Entbindung entstandenen *Kosten* verstanden. Daher hatte die »uneheliche Mutter« einen Anspruch auf Erstattung der Entbindungskosten, auf Unterhalt für die ersten sechs Wochen nach der Geburt und auf Ersatz der weiteren durch Schwangerschaft und Entbindung verursachten Kosten. Erst seit 1. 7. 1970 wurde der nichtehelichen Mutter ein als Unterhaltsanspruch bezeichneter Anspruch zugesprochen (durch das Gesetz über die rechtliche Stellung nichtehelicher Kinder vom 19. 8. 1969). Demnach war der Kindesvater der nichtehelichen Mutter für den Zeitraum von sechs Wochen vor und acht Wochen nach der Geburt zum Unterhalt verpflichtet. War es der Kindesmutter wegen der Schwangerschaft und der Versorgung des Kindes nicht oder nur teilweise möglich, erwerbstätig zu sein, hatte sie einen Unterhaltsanspruch gegen den Vater bis zur Vollendung des ersten Lebensjahres des Kindes.

Dieser Anspruch wurde durch das Schwangeren- und Familienhilfe-änderungsgesetz vom 21.8.1995 erweitert bis zur Vollendung des dritten Lebensjahres des Kindes und durch das Kindschaftsreformgesetz vom 16.12.1997 (in Kraft seit 1.7.1998) auf nichteheliche Väter, die das gemeinsame Kind betreuen, ausgeweitet (§ 1615 l Abs. IV BGB). Der Unterhaltsanspruch griff nur dann ein, wenn von der Mutter (oder dem Vater) wegen der Betreuung des Kindes eine Erwerbstätigkeit nicht erwartet werden konnte. Durch das Unterhaltsrechtsänderungsgesetz vom 21.12.2007 wurden Voraussetzungen des Betreuungsunterhaltsanspruchs ehelicher und nichtehelicher Eltern erstmals aneinander angepasst (vgl. hierzu Niepmann 2021).

Auf den Punkt gebracht

Eine Unterhaltsverpflichtung entsteht durch die Entscheidung des Gesetzgebers, bestimmte Angehörige zum Unterhalt zu verpflichten. Zu unterscheiden ist zwischen dem Verwandtenunterhalt (nur Verwandte in gerader Linie), Unterhaltsansprüchen durch eine eingegangene Ehe bzw. Lebenspartnerschaft sowie durch das Vorhandensein eines gemeinsamen Kindes. Je mehr Solidarität vom Unterhaltsverpflichteten verlangt werden kann, umso mehr wird von ihm verlangt, den Unterhaltsbetrag sicherzustellen. Besonders schützenswert sind die minderjährigen Kinder und die ihnen gleichgestellten volljährigen Kinder (privilegiert Volljährige).

Reflexionsfragen

- Wodurch unterscheiden sich Familienunterhalt, Trennungsunterhalt und nachehelicher Unterhalt?
- Unter welchen Voraussetzungen kann auch nach einer Scheidung/Aufhebung der Lebenspartnerschaft noch Unterhalt von dem*der finanziell besser aufgestellten Ex-Partner*in verlangt werden?
- Welche Bedeutung hat beim Kindesunterhalt der Eintritt der Volljährigkeit des Kindes?

- Unter welchen Voraussetzungen können Kinder für den Unterhalt ihrer pflegbedürftigen Eltern herangezogen werden?
- Macht es im Falle des Betreuungsunterhalts eines Kindes einen Unterschied, ob die Eltern einmal miteinander verheiratet waren oder nicht?

Weiterführende Literatur

 Scholz, Harald, Stein, Rolf & Kleffmann, Norbert (2022): Praxishandbuch Familienrecht, 42. Ergänzung. München: Beck.

2 Ermittlung, Berechnung und Dauer des Unterhaltsanspruchs

☞ **Überblick**

In diesem Kapitel geht es um die konkrete Unterhaltsberechnung: Wer kann wieviel von wem und wie lange verlangen?

2.1 Ermittlung des Unterhaltsanspruchs

Die Ermittlung und Berechnung des konkreten Unterhaltsanspruchs ist eine komplexe Angelegenheit. Familiengerichte, Anwält*innen und das Jugendamt nutzen in der Praxis i.d.R. ein Berechnungsprogramm, das sie bei der Berechnung unterstützt. Vor der Berechnung steht jedoch das Sammeln der benötigten Informationen. Um einen Unterhaltsanspruch feststellen zu können, sieht das Gesetz *Auskunftspflichten* und *Vorlagepflichten* von Belegen vor.

2.1.1 Auskunft und Vorlage von Belegen

Gemäß § 1605 BGB sind Verwandte in gerader Linie (z.B. Eltern gegenüber ihren Kindern und Kinder gegenüber ihren Eltern) gegenseitig verpflichtet, auf Verlangen über ihre Einkünfte und ihr Vermögen *Auskunft* zu erteilen, wenn dies für die Feststellung eines Unterhaltsanspruchs erforderlich ist. Für die Ermittlung beim Trennungsunterhalt und beim nachehelichen Unterhalt haben beide Ehegatten wechselseitig einen Auskunftsanspruch über die Höhe der Einkünfte und des Vermögens, §§ 1580, 1361 Abs. 4 Satz 4 i. V. m. § 1605 BGB. Ebenso steht dem kindererziehenden Elternteil eines nicht innerhalb einer Ehe geborenen Kindes gegen den Unterhaltsverpflichteten ein Auskunftsanspruch nach § 1615 l Abs. 3 Satz 1 i. V. m. § 1605 BGB zu. Der*die Auskunftspflichtige muss darüber hinaus auch *Belege* über die Höhe seiner*ihrer Einkünfte vorlegen (insbesondere Verdienstbescheinigungen sowie den letzten ergangenen Steuerbescheid). Nach § 1605 Abs. 2 BGB kann eine neue Auskunft nur alle zwei Jahre verlangt werden, es sei denn der Anspruchsteller kann glaubhaft machen, dass der*die Schuldner*in wesentlich höhere Einkünfte erzielt hat (zu den einzelnen Auskunfts- und Belegpflichten: Scholz, Stein & 2022, Teil G Rn. 196–201).

Praxishinweis

Bei abhängig beschäftigten Unterhaltsschuldner*innen wird regelmäßig auf die Einkünfte der letzten zwölf Monate abgestellt, teilweise auch auf das letzte Kalenderjahr. Da selbstständig Tätige in ihren Umsätzen und Gewinnen stärkeren Schwankungen ausgesetzt sind, wird von der Rechtsprechung regelmäßig auf die letzten *drei Kalenderjahre* vor dem Unterhaltszeitraum abgestellt.

2.1.2 Anspruchsgrundlagen

In allen juristischen Fällen muss zur Beantwortung der Frage »Wer bekommt was vom wem?« zunächst die Anspruchsgrundlage herausgesucht werden. Aus der Anspruchsgrundlage ergeben sich die (begehrte) Rechtsfolge und die hierfür zu verwirklichenden Tatbestandsvoraussetzungen.

Exkurs: Juristische Fallarbeit (»Wer bekommt was von wem?«)

Zur Beantwortung der Frage, ob A von B etwas verlangen, bekommen oder erhalten kann, muss stets die Anspruchsgrundlage im Gesetz herausgesucht werden. Eine Anspruchsgrundlage beschreibt abstrakt die begehrte Rechtsfolge und stellt die Tatbestandsvoraussetzungen auf, unter denen sie erlangt werden kann. Unter Rechtsfolge ist die begehrte Zahlung, der begehrte Gegenstand etc. zu verstehen. Tatbestandsvoraussetzungen sind die Bedingungen, die erfüllt sein müssen, um die Rechtsfolge und somit den Anspruch zu erhalten. Das juristische ›Handwerk‹ besteht darin, den konkret zu lösenden Fall auf die abstrakten Tatbestandvoraussetzungen zu übertragen. Diesen Vorgang nennt man »Subsumtion« (vgl. eingehend hierzu Falterbaum 2020, 24 ff.).

Praxisbeispiel

Moritz (18) möchte von seinem Vater Jan Unterhalt bekommen. Die Anspruchsgrundlage, aus der sich ein solcher Anspruch verwirklichen lässt, ist § 1601 BGB. Hiernach sind Verwandte in gerader Linie einander zur Unterhaltsgewährung verpflichtet. Rechtsfolge ist hier die »Verpflichtung zur Unterhaltsgewährung«, Tatbestandvoraussetzung ist die »Verwandtschaft in gerader Linie«. Ob Moritz nun konkret Unterhalt erwarten kann, ist durch Subsumtion zu ermitteln: Moritz ist als Jans Sohn in gerader Linie mit Jan verwandt, so dass Jan zum Unterhalt verpflichtet ist.

Beachte

Hierbei handelt es sich zunächst nur um eine Unterhaltspflicht dem Grunde nach. Weitere Fragen zum Bedarf, Bedürftigkeit und zur Leistungsfähigkeit sind im Anschluss (in den auf § 1601 BGB folgenden Gesetzen) zu klären.

In Fragen des Verwandtenunterhalts sind demnach die §§ 1601 ff. BGB die entsprechenden Anspruchsgrundlagen. Für den Familienunterhalt ist § 1360 BGB die Anspruchsgrundlage (»Verpflichtung zum Familienunterhalt«). Trennungsunterhalt richtet sich nach § 1361 BGB (»Unterhalt nach Getrenntleben«). Für die verschiedenen Formen des Nach-Scheidungsunterhalts enthalten die §§ 1570 ff. BGB die entsprechenden Anspruchsgrundlagen (z. B. ist § 1570 BGB die Anspruchsgrundlage für den Betreuungsunterhalt). Der Betreuungsunterhalt Unverheirateter wiederum richtet sich nach der Anspruchsgrundlage des § 1615 l BGB.

2.1.3 Bedarf und Bedürftigkeit des*der Berechtigten

Zunächst muss geklärt werden, was der*die Unterhaltsberechtigte an finanzieller Unterstützung konkret benötigt.

Kindesunterhalt

Bei dem unterhaltsrechtlichen *Bedarf* handelt es sich um den Betrag, den der*die Unterhaltsberechtigte zur *Lebensführung* benötigt. Bei Kindern werden hierunter, neben den Kosten für Nahrung, Wohnen, Kleidung, Freizeitangeboten etc., auch die Ausbildungs- und Erziehungskosten gezählt. Beim Kindesunterhalt wird der Bedarf seit 1962 pauschaliert in der sog. *Düsseldorfer Tabelle* (s. u. »Düsseldorfer Tabelle und Mindestunterhalt«) ausgewiesen. Gemäß § 1610 BGB wird zur Ermittlung des Bedarfs die Lebensstellung des*der Bedürftigen herangezogen. Minderjährige und privilegiert Volljährige leiten ihre Lebensstellung vom Lebensstandard ihrer Eltern ab. Da sich ihr Anspruch gegen den Barunterhaltsverpflichteten (▶ Kap. 2.2) richtet, kommt es zur Bestimmung ihres Bedarfs somit auf das Einkommen des Barunterhaltsverpflichteten an. Diese Grundsätze gelten auch für behinderte Kinder. In diesem Fall kommt dem Mehrbedarf (s. u. »Mehrbedarf und Sonderbedarf«) jedoch eine besondere Bedeutung zu.

Bedürftig ist gemäß § 1602 Abs. 1 BGB, wer nicht im Stande ist, sich selbst zu unterhalten. Hat der*die Unterhaltsberechtigte eigene Einkünfte, muss er*sie diese für seinen*ihren eigenen Unterhalt einsetzen. Eine Bedürftigkeit liegt daher nur dann vor, wenn die Einkünfte und das Vermögen nicht ausreichen, den eigenen Bedarf des*der Unterhaltsberechtigten zu decken.

Praxisbeispiel

Justus (5) und Justin (10) machen durch ihre Mutter Ilka Unterhalt gegen ihren Vater Manuel geltend. Manuel verdient als Mechatroniker 2.400 € netto, weitere Unterhaltsverpflichtungen bestehen nicht. Der Bedarf der beiden Jungen richtet sich nach dem Nettoeinkommen des Barunterhaltsverpflichteten. Nach der seit 1.1.2023 gültigen Düsseldorfer Tabelle ist Manuel mit einem Nettoeinkommen i. H. v. 2.600 € in Gruppe 3 der Düsseldorfer Tabelle einzuordnen (die Tabelle bezieht sich auf das Vorhandensein zweier Unterhaltsberechtigter, bei einer größeren/geringeren Anzahl Unterhaltsberechtigter können Ab- oder Zuschläge durch Einstufung in niedrigere/höhere Gruppen angemessen sein). Der monatliche Bedarf des fünfjährigen Justus beträgt 481 € und des zehnjährigen Justin 553 €. Allerdings wird der Bedarf zum Teil durch das Kindergeld gedeckt; dieses mindert somit die Bedürftigkeit. Bei minderjährigen Kindern wird das Kindergeld (seit 1.1.2023 einheitlich 250 € pro Kind) daher zur Hälfte vom Tabellenbetrag abgezogen (bei Volljährigen wird es voll abgezogen). Unter Berücksichtigung des hälftigen Kindergeldanteils hat Manuel für Justus 356 € und für Justin 428 € zu bezahlen.

Praxishinweis

Auf den Internetseiten aller Oberlandesgerichte finden sich die aktuelle Düsseldorfer Tabelle (https://www.olg-duesseldorf.nrw.de/infos/Duessel dorfer_Tabelle/Tabelle-2023/Duesseldorfer-Tabelle-2023.pdf) und die wichtigsten unterhaltsrechtlichen Orientierungshilfen des Gerichts unter Berücksichtigung der Rechtsprechung des Bundesgerichtshofes (sog. Leitlinien). Im Anhang zur Düsseldorfer Tabelle findet sich zudem die sog. *Zahlbetragstabelle*, hier ist der Kindergeldanteil bereits herausgerechnet.

Bei *volljährigen Kindern*, die nicht mehr zu Hause wohnen (z. B. Studierende), richtet sich der Bedarf nicht nach den Tabellensätzen der Düsseldorfer Tabelle. Er wird pauschal festgelegt und beträgt derzeit (1. 1. 2023) 930 €. Hierin sind bis 410 € für Unterkunft einschließlich umlagefähiger Nebenkosten und Heizung (Warmmiete) enthalten. Von dem Betrag von 930 € kann bei erhöhtem Bedarf oder mit Rücksicht auf die Lebensstellung der Eltern nach oben abgewichen werden.

Bei *volljährigen behinderten und erwerbsunfähigen Kindern* richtet sich der Bedarf nach der 4. Altersstufe der Düsseldorfer Tabelle, wenn das Kind weiterhin im Haushalt eines Elternteils lebt. Hat das volljährige behinderte Kind einen eigenen Hausstand gegründet, wird i. d. R. ebenfalls auf feste Bedarfssätze aus der Düsseldorfer Tabelle (volljähriges Kind mit eigenem Hausstand) zurückgegriffen (vgl. OLG Koblenz FamRZ 2015, 1811) oder er wird konkret berechnet, nach dem tatsächlich bestehenden Bedarf.

Praxisbeispiel: Kinder mit Behinderung

Der zehnjährige Max ist aufgrund einer Behinderung pflegebedürftig und erhält Pflegegeld nach § 64 SGB XII. Muss das Pflegegeld bedarfsdeckend angerechnet werden und mindert es somit seine Bedürftigkeit?

Sozialleistungen wirken sich nur dann bedarfsmindernd aus, wenn sie nicht subsidiär (► Kap. 5.1: »Subsidiaritätsprinzip bzw. Nachranggrundsatz«) sind. Das Pflegegeld nach § 64 SGB XII stellt eine subsidiäre Sozialleistung dar, die daher keinen Einfluss auf die Max' Bedürftigkeit hat. Anders sieht es beim Pflegegeld nach § 37 Abs. 1 SGB XI aus; dieses stellt unterhaltsrechtliches Einkommen des*der Pflegebedürftigen dar und mindert somit seinen*ihren Bedarf (Reinken 2019, 1025).

Mehrbedarf und Sonderbedarf

Fallen zusätzliche Kosten an, die von den die Grundbedürfnisse abdeckenden Regelbedarf und den pauschalen Sätzen der Düsseldorfer Tabelle nicht abgedeckt werden, so kann es sich um *Mehrbedarf* bzw.

Sonderbedarf handeln, den die Unterhaltsverpflichteten *zusätzlich* zu bezahlen haben. Zu beachten ist, dass die unteren Tabellensätze nur die Existenz sichern sollen, während die oberen Beträge zusätzliche Bedürfnisse von Ausbildung, Freizeit, Erholung und Kultur abdecken. Um Mehrbedarf handelt es sich, wenn die Erhöhung des Regelbedarfs *laufend* nötig ist, d. h. Monat für Monat.

Sonderbedarf fällt hingegen *einmalig* bzw. *punktuell* an. Für den Mehrbedarf bzw. Sonderbedarf haften auch bei Minderjährigen beide Elternteile anteilig, da es sich um eine Abweichung des Regelfalls des § 1606 Abs. 3 Satz 2 BGB (»Der Elternteil, der ein minderjähriges Kind betreut, erfüllt seine Verpflichtung, zum Unterhalt des Kindes beizutragen, i. d. R. durch die Pflege und die Erziehung des Kindes.«) handelt. Bei Kindern mit Behinderung fallen häufig behinderungsbedingte bzw. krankheitsbedingte Mehrkosten an. Es handelt sich um unterhaltsrechtliche Mehrbedarfe bzw. Sonderbedarfe, wenn diese weder durch die Krankenversicherung noch durch nicht subsidiäre Sozialleistungen (▶ Kap. 5.1: »Subsidiaritätsprinzip bzw. Nachranggrundsatz«) ausgeglichen werden können.

Beispiele Mehrbedarf

- Nachhilfeunterricht (mehrstündig pro Woche und länger andauernd),
- Musikunterricht,
- Krankenversicherungskosten,
- pädagogisch oder krankheitsbedingte Mehrkosten,
- Kosten des Schulbesuchs,
- Kosten für eine behindertengerechte Ausstattung der Wohnung (vgl. Wendl & Dose 2019, § 2 Rn. 463).

Beispiele Sonderbedarf

- Kosten der Abschlussfahrt,
- Kosten eines Auslandsjahres,
- Unregelmäßig anfallende Nachhilfekosten,

- Kosten eines behindertengerechten Autos (vgl. hierzu: Ebert 2016, 438 sowie Reinken 2019, 1025).

Düsseldorfer Tabelle und Mindestunterhalt

Die Düsseldorfer Tabelle hat keine Gesetzeskraft, sondern stellt eine *Richtlinie* dar. Sie beruht auf Koordinierungsgesprächen, die unter Beteiligung aller Oberlandesgerichte und der Unterhaltskommission des Deutschen Familiengerichtstages e. V. im ca. zweijährigen Turnus stattfinden. Sie benennt sich nach der Stadt am Rhein, weil Richter des Oberlandesgerichts Düsseldorf einen Fall zur Kindesunterhaltserhöhung zum Anlass genommen haben, die Beträge erstmals zu systematisieren und zu standardisieren. Ziel der Tabelle ist eine Standardisierung des Kindesunterhalts nach Alters- und Einkommensgruppen sowie nach der Anzahl der Unterhaltsberechtigten. Seit 2016 wird der sog. Mindestunterhalt in § 1612a BGB und der auf dieser Vorschrift beruhenden Mindestunterhaltsverordnung geregelt. Bei dem Mindestunterhalt handelt es sich um die Festlegung des Existenzminimums eines Kindes und er bezweckt, diesen besonders schützenswerten Unterhaltsberechtigten Klarheit bei ihrer Absicherung zu verschaffen (zur Entwicklung der Düsseldorfer Tabelle: Niepmann 2022, 141).

Praxisbeispiel: »Bedarfsdeckung« bei Fremdunterbringung gemäß SGB VIII

Der 15-jährige Max ist in einer stationären Jugendhilfeeinrichtung untergebracht. Liegt durch die Heimunterbringung eine Bedarfsdeckung vor, die zur Aufhebung der Unterhaltspflicht führt?

Grundsätzlich besteht die zivilrechtliche Unterhaltsverpflichtung der Eltern bei einer Fremdunterbringung weiter. Gemäß § 10 Abs. 2 SGB VIII wird der Bedarf des Kindes jedoch durch Leistungen und vorläufige Maßnahmen nach dem SGB VIII gedeckt. Dies ist bei der Berechnung des Unterhalts zu berücksichtigen. Gemäß § 92 Abs. 2 SGB VIII werden die dem Grunde nach unterhaltspflichtigen Personen durch Erhebung eines Kostenbeitrags an den Kosten der Maßnahme beteiligt. Die Eltern haften für diesen Kostenbeitrag von dem Zeitpunkt an, in dem ihnen eine Rechtswahrungsanzeige (▶ Kap. 5.1) i. S. von § 92 Abs. 3 SGB VIII zugegangen ist. Der eigentliche Unterhaltsanspruch »ruht« während der Heimunterbringung.

Trennungs- und nachehelicher Unterhalt

Beim Trennungs- und nachehelichen Unterhalt richtet sich der Bedarf nach den »ehelichen Lebensverhältnissen« (vgl. §§ 1361 Abs. 1 Satz 1, 1578 Abs. 1 Satz 1 BGB). Es handelt sich hierbei um einen sog. *unbestimmten Rechtsbegriff*, den das Gesetz nicht definiert. Was darunter zu verstehen ist, hat der Bundesgerichtshof jedoch in verschiedenen Urteilen ausgelegt. Nach Auffassung des Gerichts sind mit diesem Begriff diejenigen Verhältnisse gemeint, die für den Lebenszuschnitt in der Ehe und damit für den ehelichen Lebensstandard *prägend*, d. h. bestimmend waren, auch wenn sie sich nach der Scheidung verändert haben.

Exkurs: Eheliches Unterhaltsrecht im Wandel der Zeit

Der unbestimmte Rechtsbegriff der »ehelichen Lebensverhältnisse« war bereits in der Vorgänger-Vorschrift des heutigen Unterhaltsrechts, dem Ehegesetz enthalten. Im Jahr 1977 wurde das Scheidungs- und Unterhaltsrecht durch die sog. Eherechtsreform ›generalüberholt‹: Kern der Reform war die Abschaffung des »Verschuldenprinzips« und die Einführung des »Zerrüttungsprinzips« bei der Ehescheidung. Das bedeutete, dass bei einer Scheidung kein*e »Schuldige*r« mehr ausgemacht werden musste. Für das Unterhaltsrecht bedeutete dies, dass nach der Scheidung, unabhängig vom Verschulden, der wirtschaftlich Stärkere dem wirtschaftlich Schwächeren Unterhalt zu bezahlen hatte. Die damaligen »ehelichen Lebensverhältnisses« wurden vom Leitbild der »Hausfrauenehe« bestimmt. Der wirtschaftliche schwächere Part (i. d. R. die Ehefrau als »Hausfrau«) wurde unterhaltsrechtlich nach der Scheidung mit einer Lebensstandardgarantie bedacht. Die letzte große

Unterhaltsrechtsreform im Jahr 2008 hat die veränderten gesellschaftlichen Verhältnisse (hohe Scheidungsquote, höhere Anzahl von »Patchworkfamilien«, verändertes Frauenbild) aufgegriffen und den Grundsatz der Eigenverantwortung nach der Ehescheidung ins Zentrum des Unterhaltsrechts gerückt. Seitdem gibt es keine Lebensstandardgarantie mehr. Unterhalt wird unter dem Blickwinkel eines »Nachteilsausgleichs« betrachtet und kommt (nur) dann zum Tragen, wenn der*die Unterhaltsberechtigte aufgrund der Rollenverteilung in der Ehe sich nicht ausreichend selbst versorgen kann. Die Abschaffung der Lebensstandardgarantie bedeutet zudem, dass Einkommenserhöhungen nach der Scheidung nur dann als »prägend« angesehen werden, wenn sie bereits in der Ehe angelegt waren. Ebenso können Einkommensminimierungen nach der Scheidung eheprägend sein, wenn sie nicht auf leichtfertigem Verhalten beruhen und auch ohne die Scheidung eingetreten wären (vgl. hierzu Born 2008).

Praxisbeispiel: Nicht eheprägende Einkommenserhöhung

Franz war in der Ehe mit Maria als Sozialarbeiter in einer Schuldner*innenberatungsstelle beschäftigt mit einem Einkommen i. H. v. 3.000 € netto. Nach der Scheidung wird er bei einem privaten TV-Sender der »Schulden-Coach« und verdient monatlich 6.000 € netto. Da dieser Einkommenssprung aufgrund einer unerwarteten Entwicklung entstanden ist, kann seine Ex-Frau hiervon mangels »Eheprägung« nicht profitieren.

Praxisbeispiel: Nicht eheprägende Einkommensminimierung

Fritz hat nach der Ehescheidung mit Monika ein Kind bekommen. Dass Fritz diesem Kind Unterhalt schuldet, ist keine Entwicklung, die ihren Anknüpfungspunkt in der Ehe hat. Diese Unterhaltslast ist daher nicht eheprägend und bei der Bedarfsbemessung nicht zu berücksichtigen. Ohne Bedeutung ist diese neue Unterhaltsverpflichtung jedoch nicht: Sie wird bei der Frage der Leistungsfähigkeit (► Kap. 2.1.4) eine Rolle spielen und Einfluss auf den Unterhaltbetrag haben, den Fritz Monika zu zahlen hat.

Beim Trennungs- und nachehelichen Unterhalt gibt es keine *pauschale Bedarfsbemessung* wie beim Kindesunterhalt, d.h., es gibt keine der Düsseldorfer Tabelle ähnliche Tabelle. Der Bedarf muss *konkret* und *individuell* ermittelt werden. Unterschieden werden der sog. *Elementarbedarf* und der *Mehrbedarf.* Unter den Elementarbedarf fallen die regelmäßigen Kosten für Wohnen, Lebensmittel, Kleidung, Bildung, Erholung, Freizeitgestaltung, Gesundheitsfürsorge, geistige und kulturelle Interessen und sonstige persönliche und gesellschaftliche Bedürfnisse. Besondere Umstände können einen zusätzlichen, regelmäßigen Mehrbedarf entstehen lassen, der durch den Elementarbedarf nicht abgedeckt wird. Wie beim Kindesunterhalt (s. o.) muss es sich hierbei um regelmäßig anfallende Mehraufwendungen über einen längeren Zeitraum handeln. Fallen besondere Mehrkosten einmalig oder punktuell an, handelt es sich um Sonderbedarf.

Der Bedarf eines jeden Ehegatten ist grundsätzlich mit der Hälfte des unterhaltsrechtlich relevanten Einkommens beider Ehegatten anzusetzen (Halbteilungsgrundsatz). Dem erwerbstätigen Ehegatten steht vorab ein Bonus von 1/10 seiner Erwerbseinkünfte zu. Der Erwerbstätigenbonus ist von dem bereinigten Erwerbseinkommen (▶ Kap. 2.2.1) zu bilden. Der Bedarf des unterhaltsberechtigten Ehegatten beläuft sich somit auf 45 % der Erwerbseinkünfte des anderen Ehegatten zuzüglich 55 % der eigenen Erwerbseinkünfte sowie 50 % der sonstigen Einkünfte beider Eheleute. Der Bedarf des Verpflichteten beträgt 55 % der eigenen Erwerbseinkünfte zuzüglich 45 % der Erwerbseinkünfte des anderen Ehegatten sowie 50 % des sonstigen Einkommens beider Eheleute (Quotenbedarf).

Praxisbeispiel

Andreas und Lydia streiten über nachehelichen Unterhalt. Andreas hat eheprägende Einkünfte i. H. v. 2.800 €, Lydia i. H. v. 2.100 €.

Lydias Bedarf beträgt 2.415 €:
2.800 € x 45 % (Einkommen Andreas gekürzt um den Erwerbstätigenbonus)
+ 2.100 € x 55 % (Lydias Einkommen erhöht um den ihr zustehenden Erwerbstätigenbonus)
= 2.415 €

Auf den Bedarf i. H. v. 2.415 € ist Lydias Erwerbseinkommen von 2.100 € mit 100 % anzurechnen. Es bleibt ein ungedeckter Bedarf (Anspruch) von 315 €.

Beachte

Die Bedarfsbemessung ist nicht mit dem zu zahlenden Unterhalt zu verwechseln. Die Höhe des Unterhalts wird durch die Bedürftigkeit (das auf den Bedarf anzurechnende eigene Einkommen des*der Unterhaltsberechtigten) sowie die Leistungsfähigkeit des Unterhaltsverpflichteten (▶ Kap. 2.1.4) bestimmt.

2.1.4 Leistungsfähigkeit des Verpflichteten, Selbstbehalte, Bedarfskontrollbetrag

Beim Kindesunterhalt bestimmt sich die Leistungsfähigkeit des*der Unterhaltsverpflichteten nach § 1603 BGB. Demnach darf die Unterhaltsverpflichtung nicht dazu führen, den eigenen angemessenen Unterhalt zu gefährden (§ 1603 Abs. 1 BGB). Gegenüber minderjährigen und privilegiert Volljährigen wird die sog. Opfergrenze jedoch verschärft (▶ Kap. 1.2.1; ▶ Kap. 2.2.3): Dem*der Unterhaltsverpflichteten verbleibt grundsätzlich nur der sog. notwendige Selbstbehalt. Nach dem derzeitigen Stand der Düsseldorfer Tabelle (1.1.2023) beträgt dieser bei nicht Erwerbstätigen 1.120 € und bei Erwerbstätigen monatlich 1.370 €.

Die Düsseldorfer Tabelle kennt neben den Selbstbehalten noch den sog. Bedarfskontrollbetrag. Der Bedarfskontrollbetrag des*der Unterhaltspflichtigen ist nicht zu verwechseln mit dem Eigenbedarf oder Selbstbehalt. Er soll eine ausgewogene Verteilung des Einkommens zwischen dem*der Unterhaltspflichtigen und den unterhaltsberechtigten Kindern gewährleisten. Er kommt erst dann zum Tragen, wenn es sich nicht um den Mindestunterhalt handelt (ab Einkommensgruppe 2). Wird der Bedarfskontrollbetrag unterschritten, ist der Tabellenbetrag der nächstniedrigeren Gruppe, deren Bedarfskontrollbetrag nicht unterschritten wird, anzusetzen.

Praxisbeispiel: »Bedarfskontrollbetrag«

Mario ist mit einem bereinigten Nettoeinkommen i. H. v. 2.660 € in die Einkommensgruppe 3 der Düsseldorfer Tabelle einzugruppieren. Er ist seinen beiden 173jährigen Zwillingen Dario und Luisa, die noch das Gymnasium besuchen, zum Unterhalt verpflichtet. Nach Abzug des hälftigen Kindergeldanteils wäre ein monatlicher Unterhalt i. H. v. je 522 € zu bezahlen. Ihm verblieben 1.616 €. Dies würde den Bedarfskontrollbetrag der Einkommensgruppe 3 i. H. v. 1.750 € unterschreiten. Mario hat daher Unterhalt nach der Einkommensgruppe 2 (je 493 €) zu bezahlen, ihm verbleiben 1.674 €. Der Bedarfskontrollbetrag der Einkommensgruppe 2, der 1.650 € beträgt, wird hierbei nicht unterschritten.

Beim Ehegatten- sowie Partnerunterhalt, Betreuungsunterhalt Unverheirateter, Volljährigenunterhalt, Eltern- sowie Enkelunterhalt spiegeln sich die im Hinblick auf den Unterhalt Minderjähriger geringere familiäre Einstandspflichten in höheren Selbstbehalten wider. So beträgt der Selbstbehalt gegenüber dem*der getrennt Lebenden bzw. geschiedenen Ehegatten bzw. Lebenspartner*in sowie gegenüber der Mutter oder dem Vater eines nichtehelichen Kindes 1.510 € im Fall einer Erwerbstätigkeit sowie 1.385 € im Falle einer Nicht-Erwerbstätigkeit. Gegenüber volljährigen Kindern (z. B. Studierende) beträgt der Selbstbehalt derzeit 1.650 €. Beim Elternunterhalt wird der Selbstbehalt in der aktuellen Düsseldorfer Tabelle nicht konkret beziffert. Dem Unterhaltspflichtigen ist der »angemessene Eigenbedarf« zu belassen. Bei dessen Bemessung sind Zweck und Rechtsgedanken des Angehörigenentlastungsgesetz zu beachten.

2.1.5 Unterhaltsrechtliche Rangverhältnisse gemäß § 1609 BGB

Von den *Selbstbehalten* sind die *Unterhaltsränge* zu unterscheiden. Gemäß § 1609 gilt eine bestimmte Prioritätenfolge, wenn mehrere Unterhaltsberechtigte vorhanden sind. Das bedeutet, dass zuerst die ranghöheren Ansprüche vollständig zu bedienen sind. Erst wenn die ranghöheren Angehörigen ›satt‹ sind, kommen die unter ihnen ›Rangierenden‹ zum Zug.

Unterhaltsränge

1. Minderjährige Kinder und privilegiert Volljährige (▶ Kap. 1.2.1),
2. Elternteile, die wegen der Betreuung eines Kindes unterhaltsberechtigt sind oder im Fall einer Scheidung wären, sowie Ehegatten und geschiedene Ehegatten bei einer Ehe von langer Dauer; bei der Feststellung einer Ehe von langer Dauer sind auch Nachteile i. S. des § 1578b Abs. 1 Satz 2 und 3 zu berücksichtigen,
3. Ehegatten und geschiedene Ehegatten, die nicht unter Nummer 2 fallen,
4. Kinder, die nicht unter Nummer 1 fallen (z. B. Studierende),
5. Enkelkinder und weitere Abkömmlinge,
6. Eltern,
7. weitere Verwandte der aufsteigenden Linie; unter ihnen gehen die Näheren den Entfernteren vor.

Praxisbeispiel

Julius ist seinen fünf Kindern Mats, Lasse, Freya, Linnea und Alma zum Unterhalt verpflichtet. Mats, Lasse und Freya sind minderjährig und gehen noch zur Schule, Linnea und Alma studieren. Erst wenn der Unterhalt der minderjährigen Kinder vollständig bedient werden kann, kommen die beiden Großen ›zum Zug‹. Diesen gegenüber hat Julius zudem einen höheren Selbstbehalt und keine gesteigerte Unterhaltspflicht (▶ Kap. 1.2.1). Sind die Eltern finanziell nicht in der Lage, ihren studierenden Kindern Unterhalt zu bezahlen, greifen die Regelungen des Bundesgesetzes über individuelle Förderung und Ausbildung (BAföG).

2.2 Berechnung des Unterhaltsanspruchs

2.2.1 Bereinigtes bzw. unterhaltsrechtlich relevantes Einkommen

Grundlage der Unterhaltsberechnung ist das *bereinigte Nettoeinkommen*. Hierbei handelt es sich um das Bruttoeinkommen abzüglich Steuern und Aufwendungen für Altersvorsorge, Arbeitslosen- und Krankenversicherung. Darüber hinaus können im Einzelfall noch weitere Abzüge, z. B. berufsbedingte Aufwendungen, Kinderbetreuungskosten, berücksichtigungswürdige Schulden und Unterhaltslasten vorgenommen werden.

Praxisbeispiel

Matze hat sich nach der Trennung von Malika durch das Finanzieren eines Golf GTI einen lang gehegten Traum verwirklicht. Matze verdient 2.600 € netto. Er fährt arbeitstäglich zu seiner 30 km entfernten Arbeitsstätte und zahlt monatliche Finanzierungsraten i. H. v. 600 €. Matze ist seinem Sohn Mark zum Unterhalt verpflichtet. Von welchen bereinigten Nettoeinkommen ist auszugehen?

Berufsbedingte Aufwendungen, die sich von den privaten Lebenshaltungskosten nach objektiven Merkmalen eindeutig abgrenzen lassen, sind vom Einkommen abzuziehen, wobei bei entsprechenden Anhaltspunkten eine Pauschale von 5 % des Nettoeinkommens – mindestens 50 €, bei geringfügiger Teilzeitarbeit auch weniger, und höchstens 150 € monatlich – geschätzt werden kann. Sollen die Pauschale übersteigende Aufwendungen geltend gemacht werden, sind diese insgesamt nachzuweisen (vgl. Anm. 3 der Düsseldorfer Tabelle, ▶ Kap. 2.1.4, Stand 1. 1. 2023).

Matze kann hier die Fahrtkosten konkret berechnen und nachweisen: Als notwendige Kosten der berufsbedingten Nutzung eines Kraftfahrzeugs können 0,42 € pro gefahrenem Kilometer (§ 5 Abs. 2 Nr. 2 Justizvergütungs- und Entschädigungsgesetz = JVEG) angesetzt werden. Ab dem 31. Entfernungskilometer kommt i.d.R. eine Kürzung der Kilometerpauschale für die Mehrkilometer auf 0,28 € in Betracht (Leitlinien OLG

Düsseldorf, Stand 1.1.2023). Daher kann Matze wie folgt die Fahrtkosten berechnen: 2 x 30 km x 0,42 x 220 Arbeitstage geteilt durch 12 Monate = 462 € monatliche Fahrtkosten.

Ob die Finanzierungsraten abzugsfähig sind, ist zweifelhaft. Zusammen mit den Fahrtkosten wäre sein Einkommen um mehr als 1.000 € zu bereinigen und würde zu einer deutlichen Herabstufung des Tabellenunterhalts führen. Bei knappen Einkommensverhältnissen und der Tatsache, dass die Verbindlichkeiten allein Matzes Vermögensbildung (Abzahlung des PKW) dienen, kann es angemessen sein, diese Verbindlichkeiten ganz oder zum Teil unberücksichtigt zu lassen (Johannsen, Henrich & Althammer 2020, §§ 1601–1615n Rn. 61).

2.2.2 Prüfschema: Berechnung eines Unterhaltsanspruchs

Ein Unterhaltsanspruch ist nach der unterhaltsrechtlichen *»Drei-Schritt-Prüfung«* Bedarf, Bedürftigkeit und Leistungsfähigkeit zu prüfen. Darüber hinaus ist zu überlegen, ob dem Anspruch Ausschlussgründe entgegenstehen können, z.B. Verwirkung (► Kap. 2.3.3), Verzicht (► Kap. 2.3.1), Befristung oder Begrenzung (► Kap. 1.1.3: »Herabsetzung und zeitliche Begrenzung des nachehelichen Unterhalts«).

Unterhaltsrechtliches Prüfschema (»Drei-Schritt-Prüfung«)

Unterhaltsrechtliche Ansprüche sind nach einem bestimmten Schema zu prüfen, das grundsätzlich für alle unterhaltsrechtlichen Konstellationen gilt. Hat man die Anspruchsgrundlage gefunden, d.h. die Vorschrift, aus der sich ein Anspruch herleiten lässt (z.B. § 1361 für Ansprüche auf Trennungsunterhalt), ist der Bedarf und die Bedürftigkeit des bzw. der Berechtigten zu prüfen (► Kap. 2.1.3) und sodann die Leistungsfähigkeit des bzw. der Verpflichteten (► Kap. 2.1.4).

2.2.3 Praxisbeispiele

Praxisbeispiel: »Mangelfall«

Manni hat mit Birte drei Kinder: Anton (18), Ben (7) und Clara (5), für die er unterhaltspflichtig ist. Die Kinder gehen alle noch zur Schule und leben bei Birte, die keine eigenen Unterhaltsansprüche gegen Manni hat und den Kindern gegenüber nicht barunterhaltspflichtig ist. Mannis bereinigtes Nettoeinkommen aus einer vollschichtigen Tätigkeit beträgt: 1.750 €. Birte bezieht das Kindergeld. Wie viel Unterhalt muss Manni für Anton, Ben und Clara bezahlen?

Schritt 1: Bedarf

Mannis bereinigtes Nettoeinkommen i. H. v. 1.750 € führt zu einer Einstufung in Einkommensgruppe 1 der Düsseldorfer Tabelle und somit zum Mindestbedarf der drei Kinder von insgesamt 1.567 € (628 € für Anton, 502 € für Ben und 437 € für Clara).

Schritt 2: Bedürftigkeit

Auf den Bedarf der Kinder ist das Kindergeld anzurechnen. Da Anton bereits volljährig ist, sind hier die vollen 250 € anzurechnen. Im Hinblick auf Ben und Clara sind 125 € anzurechnen (250 € : 2). Der offene Bedarf und somit die Bedürftigkeit beträgt für Anton 378 €, für Ben 377 und für Clara 312 €.

Schritt 3: Leistungsfähigkeit

Es ist hier ziemlich offensichtlich, dass Manni den Mindestunterhalt für seine drei Kinder nicht vollends bedienen kann, ohne seinen eigenen, sog. notwendigen Selbstbehalt i. H. v. 1.370 € zu gefährden. Denn der Mindestunterhalt (nach Kindergeldbereinigung) beträgt für die Kinder insgesamt 1.067 € (378 € für Anton, 377 € für Ben und 312 € für Clara). Würde

Manni diesen aufbringen, würden ihm lediglich 683 € (1.750 € – 1.067 €) zum Leben bleiben. Eine solche unterhaltsrechtliche Konstellation wird als »Mangelfall« bezeichnet.

Mannis notwendiger Eigenbedarf: 1.370 €
Verteilungsmasse: 1.750 € (bereinigtes Nettoeinkommen)
                      - 1.370 € (notwendiger Eigenbedarf)
                      = 380 €

Die Summe der Einsatzbeträge der Unterhaltsberechtigten beträgt:
378 € (628–250) für Anton (da Anton volljährig ist, wird das gesamte Kindergeld vom Tabellenbetrag abgezogen)
+ 377 € (502–125) für Ben
+ 312 € (437–125) für Clara
= 1.067 €

Die Verteilungsmasse wird nun nach der »Drei-Satz-Rechnung« auf die Kinder verteilt:

Unterhalt:
Anton: 378 x 380 : 1.067 = 134,62
Ben: 377 x 380 : 1.067 = 134,26
Clara: 312 x 380 : 1.067 = 111,12

Praxisbeispiel: »Mama Mia«

Justus (19) hat nach seinem Abitur ein Musik-Studium in Berlin aufgenommen. Er hat eine günstige Unterkunft in einem Studierendenwohnheim gefunden. Seine Eltern Mia und Hermann sind geschieden. Bislang hat Hermann den Barunterhalt seines Sohnes allein gestemmt, nun muss auch Mia dafür aufkommen. Wie viel Unterhalt müssen beide bezahlen, wenn Mia 2.000 € und Hermann 2.700 € bereinigtes Nettoeinkommen zur Verfügung stehen und weitere Unterhaltspflichten nicht bestehen?

Schritt 1: Bedarf

Der monatliche Bedarf eines studierenden Kindes, das nicht bei seinen Eltern oder einem Elternteil wohnt, beträgt nach der Düsseldorfer Tabelle i. d. R. monatlich 930 €. Hierin sind bis 410 € für Unterkunft einschließlich umlagefähiger Nebenkosten und Heizung (Warmmiete) enthalten.

Schritt 2: Bedürftigkeit

Nach Abzug des Kindergelds i. H. v. 250 €, das Julius in voller Höhe zusteht, ergibt sich ein offener Bedarf (Bedürftigkeit) i. H. v. 680 €.

Schritt 3: Leistungsfähigkeit

Die Bedürftigkeit i. H. v. 680 € müssen die Eltern im Verhältnis ihrer Nettoeinkünfte wie folgt decken: Der angemessene Selbstbehalt im Hinblick auf Studierende beträgt 1.650 €. Es müssen zunächst für beide Eltern die Einsatzbeträge ermittelt werden, in dem der angemessene Selbstbehalt vom bereinigten Nettoeinkommen abgezogen wird.

Einsatzbetrag Hermann: 2.700–1.650 = 1.050 €
Einsatzbetrag Mia: 2.000–1.650 = 350 €

Durch eine »Drei-Satz-Rechnung« ist das Verhältnis nun auszurechnen.

Unterhaltsbetrag Hermann: 1.050 : 1.400 x 680 = 510 €
Unterhaltsbetrag Mia: 350 : 1.400 x 680 =170 €

Hermann muss Julius 510 € bezahlen und Mia muss 170 € an Julius zahlen.

2.3 Dauer des Unterhaltsanspruchs

2.3.1 Beginn und Ende der Unterhaltspflicht

Der Unterhaltsanspruch beginnt, wenn die Tatbestandvoraussetzungen der jeweiligen Anspruchsgrundlage (▶ Kap. 2.1.2) erfüllt sind. Beim Kindesunterhalt kann die grundsätzliche Unterhaltsverpflichtung z. B. von der Geburt des Kindes an bis zur abgeschlossenen Berufsausbildung des Kindes bestehen. Bei Kindern mit Behinderung kann sich grundsätzlich jedoch eine (lebenslange) Unterhaltspflicht der Eltern ergeben, wenn das Kind nicht erwerbsfähig und somit bedürftig (▶ Kap. 2.1.3) ist. Insbesondere durch das am 1.1.2020 in Kraft getretene »Angehörigen-Entlastungsgesetz« werden Eltern behinderter Kinder jedoch finanziell entlastet (▶ Kap. 5.1). Eine »Unterhaltsschuld« entsteht grundsätzlich erst ab »Geltendmachung« des Unterhaltsanspruchs. Dies ist gemäß § 1613 Abs. 1 Satz 1 BGB auf drei verschiedene Arten möglich (vgl. Graba 2014, 6):

- Der*die Unterhaltsberechtigte fordert von dem*der Verpflichteten Auskunft über sein*ihr Einkommen und Vermögen (▶ Kap. 2.1.1) zum Zwecke der Geltendmachung des Unterhaltsanspruchs.
- Dem*der Verpflichteten ist eine Zahlungsfrist gesetzt worden und er*sie ist in Verzug gekommen.
- Der*die Unterhaltsberechtigte hat den*die Verpflichtete*n zur Zahlung verklagt und der Unterhaltsanspruch ist somit rechtshängig geworden.

Unterhalt ist stets *im Voraus* zu bezahlen, daher muss der Verpflichtete jeweils zum *Monatsersten* leisten.

> **Praxisbeispiel**
>
> Carla verlangt von ihrer Mutter Ausbildungsunterhalt. Sie fordert sie zur regelmäßigen Unterhaltszahlung i. H. v. 500 € auf. Dieses Schreiben geht der Mutter am 30.4.2022 zu. Wegen der Fälligkeit zum Monatsersten und dem sofortigen Verzugseintritt bei Mahnung kann Carla auch den Unterhalt für den Monat April verlangen und ggf. einklagen.

Unterhalt wird grundsätzlich als gegenwartsbezogen verstanden (»Man lebt im Hier und Jetzt«). Daher kann für zurückliegende Zeiträume ›nachträglich‹ kein Unterhalt gefordert werden, wenn die oben genannten Voraussetzungen (Auskunftsverlangen, Zahlungsverzug oder Klageerhebung) nicht vorliegen. Ausnahmsweise kann für zurückliegende Zeiträume (bis zu einem Jahr) jedoch ein Sonderbedarf (▶ Kap. 2.1.3) geltend gemacht werden (kein Mehrbedarf). Eine weitere *praxisrelevante Ausnahme* ist die »Hinderung aus rechtlichen Gründen«.

Praxisbeispiel

Merle hat ihren Sohn Moritz geboren. Der Kindesvater Ben, mit dem Merle nicht verheiratet ist, hat die Vaterschaft nicht anerkannt. Merle musste Ben erst auf »Feststellung der Vaterschaft« verklagen. Das Gericht hat die Vaterschaft zehn Monate nach Moritz' Geburt rechtskräftig festgestellt. Um zu verhindern, dass der Vater den Vorteil genießt, erst mit Eintritt der Rechtswirkung der Vaterschaft Kindesunterhalt leisten zu müssen, regelt § 1613 Abs. 2 Nr. 2a BGB, dass Kindesunterhalt auch für den Zeitraum zwischen Geburt und Feststellung der Vaterschaft nachträglich bezahlt werden muss.

Auf Verwandtenunterhalt für die Zukunft kann gemäß § 1614 Abs. 1 BGB nicht verzichtet werden, ebenso wenig wie auf Familien- und Trennungsunterhalt, §§ 1361 Abs. 4 Satz 4 BGB, 1360a i. V. m. § 1614 BGB und den Betreuungsunterhalt Unverheirateter, § 1615 l Abs. 3 Satz 1 BGB i. V. m. § 1614 Abs. 1 BGB. Von dieser Regel kann nicht ›freiwillig‹ abgewichen werden. Eine Vereinbarung mit der Formulierung »Verzicht auf Unterhalt für die Zukunft« wäre gemäß § 134 BGB nichtig. Möglich sind jedoch Vereinbarungen über die Höhe des Unterhalts (wenn Streit über die Höhe besteht), in angemessenen Grenzen. Auf nachehelichen Unterhalt kann jedoch durch eine Vereinbarung verzichtet werden, die vor Rechtskraft der Scheidung in notarieller Form oder in einem gerichtlich protokollierten Vergleich geschlossen werden muss, § 1585c BGB (vgl. hierzu: Münder et al. 2022, Kap. 6 Rn. 12–14).

Der Anspruch endet, wenn die Tatbestandsvoraussetzungen (▶ Kap. 2.1.2) nicht mehr vorliegen, insbesondere wenn die Bedürftigkeit der*des Unterhaltsberechtigten nicht mehr gegeben ist (das Kind z. B. nach seiner Ausbildung regelmäßige Einkünfte erzielt, aus denen es sich selbst versorgen kann) oder der*die Unterhaltsverpflichtete nicht mehr leistungsfähig ist (der*die Unterhaltsverpflichtete z. B. wegen einer dauerhaften Erwerbsunfähigkeit nur noch unter dem Selbstbehalt liegende Rente erhält). Beim Verwandtenunterhalt endet die Unterhaltspflicht zudem mit dem Tod des*der Berechtigten oder Bedürftigen. Dies gilt auch für den Familienunterhalt (▶ Kap. 1.1.1), den Trennungsunterhalt (▶ Kap. 1.1.2) und den Betreuungsunterhalt Unverheirateter (▶ Kap. 1.3.3). Beim Geschiedenenunterhalt (▶ Kap. 1.1.3) endet die Unterhaltspflicht jedoch nur mit dem Tod des*der Berechtigten. Stirbt der*die Verpflichtete, so geht der Unterhaltsanspruch als Nachlassverbindlichkeit auf die Erben des*der Verpflichteten über. Die Erben müssen jedoch nicht für mehr als den Betrag einstehen, der dem Pflichtteil entspricht, welcher dem*der Berechtigten zustände, wenn die Ehe nicht geschieden worden wäre, § 1586 b Abs. 1 Satz 3 BGB.

2.3.2 Verjährung

Der Anspruch auf Unterhalt verjährt gemäß § 195 BGB nach drei Jahren. Die Verjährung beginnt mit dem Schluss des Jahres, in dem der Anspruch entstanden ist und der*die Gläubiger*in die entsprechenden Kenntnisse erlangt hat (§ 199 Abs. 1 BGB). Ist ein Unterhaltsanspruch rechtskräftig festgestellt, so beträgt die Verjährungsfrist für die bis zur Rechtskraft des Beschlusses »aufgelaufenen« Unterhaltsansprüche 30 Jahre (§ 197 Abs. 1 Nr. 3 BGB). Für die nach Rechtskraft fällig werdenden Unterhaltsbeträge gilt gemäß § 197 Abs. 2 BGB die regelmäßige, dreijährige Verjährungsfrist.

Unterhaltsrückstand und »laufender« Unterhalt

Unter Unterhaltsrückstand versteht man die bis zu einem bestimmten Zeitpunkt (z. B. Klageerhebung, ▶ Kap. 3.1) oder Insolvenzeröffnung (▶ Kap. 4.2) »aufgelaufenen« monatlichen Unterhaltsraten. Der »laufende« Unterhalt bezeichnet die monatlich zu zahlenden Unterhaltsraten.

Praxisbeispiel

Magda macht für ihre Tochter Ida Unterhalt gegen den Kindesvater Timo geltend und fordert ihn zur Zahlung des Mindestunterhalts ab 1.9.2022 auf. Die Verjährung der Ansprüche von September bis Dezember 2022 beginnt Ende 2022 und endet am 31.12.2025. Wenn Timo nicht zahlen sollte, muss sie ihn bis spätestens Ende 2025 verklagen. Magda verklagt Timo, der bis dato nicht gezahlt hat, im Mai 2023 den »aufgelaufenen« Rückstand i. H. v. 2.578,50 € und im Voraus den »laufenden« Mindestunterhalt i. H. v. 286,50 € zu bezahlen. Die sodann vom Gericht rechtskräftig festgestellten Rückstände i. H. v. 2.578,50 € verjähren nach 30 Jahren. Die ebenfalls rechtskräftig festgestellten laufenden Ansprüche i. H. v. 286,50 € verjähren wiederum nach drei Jahren, wenn Timo diese nicht zahlen sollte.

Praxishinweis aus der Perspektive der Unterhaltsberechtigten

Zur Verhinderung einer Verjährung dieser laufenden Ansprüche sollten diese vollstreckt werden (▸ Kap. 2.3.2): Hierdurch wird der Ablauf der Verjährung unterbrochen, d. h. die Verjährungsfrist wird erneut in Gang gesetzt (§ 212 Abs. 1 Satz 2 BGB). 

Praxishinweis aus der Perspektive der Unterhaltsverpflichteten

Aus Sicht des*der Unterhaltsverpflichteten handelt es sich bei der Verjährung um eine sog. Einrede: D.h., der*die Verpflichtete muss die »Einrede der Verjährung« ausdrücklich erheben, also geltend machen, denn die Verjährung wird nicht ›automatisch‹ geprüft und die Forderung als verjährt festgestellt. Ebenso muss der*die Unterhaltsverpflichtete die Tatsachen, die eine Verjährung belegen sollen, vorlegen und beweisen. 

2.3.3 Verwirkung von Unterhaltsansprüchen

Ein Unterhaltsanspruch kann wegen illoyalem oder widersprüchlichem Verhalten des*der Unterhaltsberechtigten verwirken, d.h., der Unterhalt muss von dem*der Unterhaltsverpflichteten ganz (= Wegfall der Verpflichtung) oder teilweise (= Beschränkung) bezahlt werden.

Die besondere Nähe und eingeforderte Solidarität, die ein Unterhaltsverhältnis auszeichnen, spiegeln sich auch in den Pflichten und Obliegenheiten des*der Unterhaltsberechtigten gegenüber dem*der Unterhaltspflichtigen wider. Verhalten sich Unterhaltsberechtigte in diesem gegenseitigen Verhältnis grob illoyal, kann für den*die Pflichtige(n) die Grenze der Zumutbarkeit für weitere Unterhaltszahlungen überschritten sein. Dies gilt auch für (rückständigen) Unterhalt, wenn der*die Pflichtige wegen Zeitablaufs nicht mehr mit seiner*ihrer Inanspruchnahme rechnen musste.

Praxishinweis

Wird eine Unterhaltsverwirkung eingewandt, muss immer eine umfassende Einzelfallprüfung und -abwägung erfolgen, die die Belange beider Seiten angemessen berücksichtigt. Hier sollte stets ein*e erfahrene*r Familienrechtsanwält*in zu Rate gezogen werden.

Das Gesetz regelt bestimmte Fälle der Verwirkung wegen »Illoyalität« ganz konkret, in den Fällen des »Zeitablaufs« wird auf die Generalklausel des § 242 BGB (»Treu und Glauben«) abgestellt. § 242 BGB bestimmt nach seinem Wortlaut die Art und Weise, in der der*die Schuldner*in seine*ihre Leistung zu erbringen hat. Die Rechtsprechung und die juristische Literatur hat hieraus einen allgemeinen Rechtsgrundsatz hergeleitet und vielfältige Anwendungsgebiete und Fallgruppen herausgearbeitet. Eine Anwendungskategorie ist die Verwirkung i. S. einer »unzulässigen Rechtsausübung wegen widersprüchlichen Verhaltens«. Im Folgenden werden vom Gesetz konkret geregelte Fälle einer Verwirkung beschrieben.

Im Verwandtenunterhalt regelt § 1611 BGB den Fall der Verwirkung wegen einer »krassen« Verfehlung des*der Unterhaltsberechtigten.

Praxisbeispiel

Die 80-jährige Carola kann die Kosten für ihren Platz im Pflegeheim nicht von ihrer Rente bezahlen. Der Sozialhilfeträger macht daher übergegangene Unterhaltsansprüche (▶ Kap. 5.1) gegen die Tochter Maria (60) geltend. Tochter Maria wendet hiergegen ein, dass ihre Mutter sich seit ihrer Geburt nicht um sie gekümmert habe und zu ihren Großeltern gegeben habe, die sie großgezogen haben.

Der Bundesgerichtshof hat in dem Verhalten der Mutter einen groben Mangel an elterlicher Verantwortung und menschlicher Rücksichtnahme gesehen und somit eine schwere Verfehlung der Mutter Carola, die zu einem vollständigen Wegfall der Unterhaltspflicht der Tochter Maria im Rahmen des Elternunterhalts geführt hat (vgl. BGH NJW 2004, 3109).

Praxishinweis

Der Verwirkungstatbestand des § 1611 BGB gilt nicht für minderjährige Kinder (§ 1611 Abs. 2 BGB), da sie wegen mangelnder Einsichtsfähigkeit und Reife als besonders schützenswert angesehen werden. Dies gilt jedoch nicht für privilegiert Volljährige, d. h., auch diese können, wie andere Volljährige, ihre Ansprüche wegen besonders »krasser« Verfehlungen gegen die Unterhaltsverpflichteten verwirken.

Beim nachehelichen Unterhalt regelt § 1579 BGB die Verwirkung des Unterhalts wegen grober Unbilligkeit. Der Verwirkungstatbestand gilt auch beim Trennungsunterhalt sowie für den Betreuungsunterhalt Unverheirateter. Demnach kann der Unterhaltsanspruch aus folgenden Gründen versagt, herabgesetzt oder zeitlich begrenzt werden:

- Die Ehe war von kurzer Dauer (ab dreijähriger Ehe wird diese nicht mehr als kurz angesehen).
- Der*die Berechtigte lebt in einer neuen Beziehung (= verfestigte Lebensgemeinschaft).

- Der*die Berechtigte hat sich eines Verbrechens oder eines schweren vorsätzlichen Vergehens gegen den*die Verpflichtete*n oder einen nahen Angehörigen des*der Verpflichteten schuldig gemacht.
- Der*die Berechtigte hat seine*ihre Bedürftigkeit mutwillig herbeigeführt.
- Der*die Berechtigte hat sich über schwerwiegende Vermögensinteressen des*der Verpflichteten mutwillig hinweggesetzt.
- Der*die Berechtigte hat vor der Trennung längere Zeit hindurch seine*ihre Pflicht, zum Familienunterhalt beizutragen, gröblich verletzt.
- Dem*der Berechtigten fällt ein offensichtlich schwerwiegendes, eindeutig bei ihm*ihr liegendes Fehlverhalten gegen den*die Verpflichtete*n zur Last.
- Ein anderer Grund liegt vor, der ebenso schwer wiegt wie die aufgeführten Gründe.

Praxisbeispiel

Der nacheheliche Unterhaltsanspruch ist nach einer Entscheidung des Oberlandesgerichts Köln verwirkt, wenn eine Ehefrau ein während der Ehe empfangenes, nicht vom Ehemann abstammendes Kind diesem mit bedingtem Vorsatz als eheliches Kind ›untergeschoben‹ hat (OLG Köln, FamRZ 1998, 749).

Die Verwirkung nach »Treu und Glauben« kommt bei rückständigem Unterhalt (▶ Kap. 2.3.2 »Unterhaltsrückstand und ›laufender‹ Unterhalt«) in Betracht, wenn der*die Unterhaltsberechtigte seine*ihre Ansprüche über einen längeren Zeitraum nicht geltend gemacht hat (Zeitmoment). Im Hinblick auf den Zeitablauf orientiert sich der Bundesgerichtshof an der Jahresfrist des § 1585b Abs. 3 BGB. Darüber hinaus muss sich aber der*die Unterhaltsverpflichtete aufgrund des Verhaltens des*der Berechtigten darauf eingerichtet haben, der*die Berechtigte werde seinen*ihren Anspruch nicht mehr geltend machen (Umstandsmoment). An das Umstandsmoment stellt der Bundesgerichtshof strengere Anforderungen als an das Zeitmoment.

Praxisbeispiel

Karl hat sich im Januar 2012 verpflichtet, seinen beiden Kindern Justus (9) und Jonas (11) monatlichen Unterhalt nach der Einkommensgruppe 3 der Düsseldorfer Tabelle zu bezahlen. Erstmals im Juli 2019 hat die Kindesmutter Doris die Erhöhung der Zahlung im Hinblick auf die wiederholten Änderungen der Düsseldorfer Tabelle seit Juli 2013 verlangt. Außergerichtlich haben Karl und Doris sich auf eine Anpassung des Titels für die Zukunft und eine Abschlagszahlung auf die aufgelaufenen Rückstände geeinigt. Nach Zahlung dieses Betrags macht Doris geltend, in der Zeit von Januar 2013 bis November 2013 seien dadurch weitere Kindesunterhaltsrückstände aufgelaufen, da der Kindesvater unstreitig den Unterhalt nicht durch Zahlung erbracht, sondern den Kindern Sachzuwendungen gemacht hat. Karl steht auf dem Standpunkt, seine Unterhaltsverpflichtungen durch die Sachleistungen erfüllt zu haben. Auch sei die Geltendmachung treuwidrig, da verwirkt. Doris behauptet, die offenen Beträge immer wieder angemahnt zu haben. Karl wehrt sich gegen die Zwangsvollstreckung wegen der von Januar bis November 2013 aufgelaufenen Rückstände. Das Gericht hat in diesem Fall die Verwirkung der titulierten Unterhaltsansprüche angenommen. Nach der Rechtsprechung des Bundesgerichtshofs können auch titulierte Kindesunterhaltsansprüche verwirkt werden, wenn sich ihre Geltendmachung unter dem Gesichtspunkt illoyal verspäteter Rechtsausübung als unzulässig darstellt. Die Voraussetzungen für das Vorliegen der Verwirkung sind enger als bei der Verwirkung nicht titulierter Unterhaltsansprüche. Das Umstandsmoment ist allerdings regelmäßig gegeben, wenn eine Vollstreckung ohne weiteres möglich gewesen wäre, weil der Verpflichtete einer geregelten Arbeit nachgeht (vgl. BGH, NZFam 2018, 263).

Praxishinweis

Unterhaltsberechtigte sollten unbedingt darauf achten, dass sie Unterhaltsrückstände für keine längere Frist als ein Jahr untätig auflaufen lassen. Anderenfalls droht ihnen der Einwand der Verwirkung. 

Im Hinblick auf die Verwirkung laufenden Unterhalts hat der Bundesgerichtshof die Verwirkung nur deswegen, weil sie über Jahrzehnte hinweg nicht geltend gemacht wurden, verneint. Eine Verwirkung des laufenden Unterhaltsanspruchs als solcher komme nur unter den engen Voraussetzungen der konkreten Verwirkungstatbestände (§§ 1611, 1579) in Betracht, die grundsätzlich an ein schwerwiegendes Fehlverhalten des*der Unterhaltsberechtigten anknüpfen. Wird hingegen ein Unterhaltsanspruch längere Zeit nicht geltend gemacht, beruht dies in vielen Fällen darauf, dass die Unterhaltsbedürftigkeit (▶ Kap. 2.1.3) des*der Berechtigten in dieser Zeit nicht gegeben war. Allein das ›Stillhalten‹ des*der Unterhaltsberechtigten, auch über längere Zeit, kann daher regelmäßig kein schutzwürdiges Vertrauen darauf begründen, dass dieser Zustand anhalten werde (BGH, NZFam 2018, 263) (eingehend: Graba 2018).

Auf den Punkt gebracht

Um den konkret zu zahlenden Unterhaltsbetrag zu bestimmen, muss zunächst die Einkommenssituation der Beteiligten geklärt werden. Es bestehen Auskunftsansprüche; darüber hinaus müssen auch Belege (z. B. Verdienstbescheinigungen) vorgelegt werden. Ist die Anspruchsgrundlage, nach der Unterhalt verlangt wird, geklärt (z. B. § 1601 ff. für Kindesunterhalt), wird der Unterhalt nach der »Drei-Schritt-Prüfung« (Bedarf, Bedürftigkeit, Leistungsfähigkeit) berechnet. Die Düsseldorfer Tabelle spielt hierbei nur für den Kindesunterhalt eine Rolle, sie definiert den Unterhaltsbedarf anhand der Einkommenssituation des*der Barunterhaltsverpflichteten. Darüber hinaus legt sie auch den Mindestunterhalt, d. h. das unterhaltsrechtliche Existenzminimum, fest. Bei ehelichen Unterhaltsansprüchen existiert eine solche Tabelle nicht, der Unterhaltsbedarf wird hier aus der konkreten eheprägenden Einkommenssituation der Familie ermittelt. Haben Unterhaltsberechtigte eigene Einkünfte, mindert dies ihren Bedarf, sie sind in der Höhe des offenen Bedarfs bedürftig. Der Verpflichtete ist leistungsfähig, wenn der ihm zustehende Selbstbehalt nicht unterschritten wird. Im Hinblick auf den Unterhalt minderjähriger Kinder wird diese Opfergrenze besonders niedrig angesetzt (notwendiger Selbstbehalt). Unterhaltsansprüche können verjähren und auch verwirken. Wegen der Gegenwartbezogenheit der Unterhaltsschuld sollten Unterhaltsberechtigte sie für keine längere Frist als ein Jahr untätig auflaufen lassen.

Reflexionsfragen

- Wodurch unterscheiden sich Bedarf und Bedürftigkeit bei der Ermittlung eines Unterhaltsanspruchs?
- Wann gilt eine unterhaltsverpflichtete Person als leistungsfähig?
- Wodurch unterscheiden sich rückständiger und laufender Unterhalt?
- Kann Unterhalt für die Vergangenheit geltend gemacht werden?
- Unter welchen Voraussetzungen kann Unterhalt verjähren und verwirken?

Weiterführende Literatur

Johannsen, Kurt, Henrich, Dieter & Althammer, Christoph (Hrsg.) (2020): Familienrecht. Scheidung, Unterhalt, Verfahren. Kommentar (7. Auflage). München: Beck.

Graba, Hans-Ulrich (2018): Verwirkung von Unterhaltsrückständen. In: NJW, Heft 28, S. 2025 ff.

Graba, Hans-Ulrich (2020): Gemeinsamkeiten der Abänderung von Unterhaltsentscheidungen und Unterhaltsvergleichen. In: NZFam, Heft 7, S. 274 ff.

3 Festsetzung unterhaltsrechtlicher Ansprüche

In diesem Kapitel geht es um die Frage, in welcher Form unterhaltsrechtliche Ansprüche amtlich »verbrieft« (= tituliert, s. u. »Vollstreckbarer Titel«) werden können, damit sie im Falle einer Nichtzahlung zwangsweise beigetrieben (= vollstreckt, ▸ Kap. 4.1) werden können. Zudem geht es darum, welche staatliche Unterstützung im Hinblick auf die Kosten einer solchen Festsetzung bereitsteht.

Vollstreckbarer Titel

Ein Titel ist eine amtliche Urkunde, die ein Recht (z. B. Zahlung von Unterhalt) verbrieft (Titel sind z. B. Jugendamtsurkunden, familiengerichtliche Beschlüsse oder Vergleiche oder notarielle Urkunden). Der Titel ist Voraussetzung, um das titulierte Recht auch bei nicht freiwilliger Zahlung des Unterhalts durchsetzen (= vollstrecken, ▸ Kap. 4.1) zu können. Vollstreckbar wird der Titel durch einen amtlichen Vermerk, dass diese Ausfertigung des Titels dem Zweck der Zwangsvollstreckung dient. Mit dieser sog. vollstreckbaren Ausfertigung kann die Zwangsvollstreckung (▸ Kap. 4.1) eingeleitet werden.

3.1   Erstmalige Festsetzung des Unterhalts

Unterhaltsberechtigte haben einen Anspruch darauf, dass der Unterhalt tituliert wird, d. h. in einer vollstreckbaren Form verbrieft wird, auch wenn der Unterhaltsbetrag in der Vergangenheit von dem*der Verpflichteten stets pünktlich und freiwillig bezahlt wurde. Berechtigte müssen dem*der Verpflichteten, bevor sie ein kostenpflichtiges gerichtliches Verfahren zu Lasten des*der Verpflichteten wählen, diesem*dieser aber zuvor die Chance geben, freiwillig einen Titel errichten zu lassen (z. B. im Falle des Kindesunterhalts durch eine gebührenfreie Jugendamtsurkunde). Erst wenn die hierzu gesetzte Frist verstrichen ist, kann eine Unterhaltsklage zu Lasten des*der Verpflichteten erhoben werden.

Es stehen verschiedene Wege bereit, einen unterhaltsrechtlichen Anspruch *erstmalig* festsetzen zu lassen. Im Hinblick auf den Kindesunterhalt lässt das Gesetz zwei schnelle und kostengünstige Möglichkeiten der Titulierung zu: die *Jugendamtsurkunde* gemäß §§ 59, 60 SGB VIII und die *Unterhaltsfestsetzung im vereinfachten Verfahren*, §§ 249 ff. FamFG (hierzu eingehend: Scholz, Stein & Kleffmann 2022, Teil O Rn. 398 f.). Beide Arten unterscheiden sich insofern, als der*die Unterhaltsverpflichtete bei der Errichtung einer Jugendamtsurkunde sich einseitig zur Zahlung von Unterhalt vor der sog. Urkundsperson des Jugendamts verpflichtet, d. h. der*die Verpflichtete handelt auf *eigene Initiative* hin. Zur Errichtung der Urkunde erscheint der*die Unterhaltspflichtige persönlich beim Jugendamt. Ein*e Urkundsbeamt*in des Jugendamts klärt den*die Unterhaltspflichtige*n über Inhalt und Bedeutung des vollstreckbaren Titels auf und fertigt die Urkunde an. Die vollstreckbare Ausfertigung kann vom Jugendamt unmittelbar an das unterhaltsberechtigte Kind bzw. bei minderjährigen Kindern an den Elternteil, in dessen Haushalt das Kind lebt, übersendet werden.

Praxishinweis

Die »Gültigkeit«, d. h. die Rechtswirksamkeit einer Jugendamtsurkunde ist unbefristet, es sei denn, es steht in der Urkunde ausdrücklich etwas 

anderes (z. B. Befristung bis zum 18. Lebensjahr des Kindes). Daher kann aus der Urkunde grundsätzlich auch noch nach Vollendung des 18. Lebensjahres des Kindes die Zwangsvollstreckung gegen den*die Unterhaltsschuldner*in betrieben werden (▶ Kap. 4.1). Stimmt die Lebenswirklichkeit nicht mehr mit den Annahmen überein, die bei Errichtung des Titels zugrunde gelegt wurden (z. B. Verpflichtete*r ist nicht mehr leistungsfähig, Kind nicht mehr bedürftig), muss dieser, wie bei anderen Titeln auch, abgeändert werden (▶ Kap. 3.2).

Praxisbeispiel

Finja (25) ist vor einer Woche Mutter einer Tochter (Lea) geworden. Mit dem Kindesvater (Tom, 21) ist sie nicht verheiratet, sie ist nach einem One-Night-Stand schwanger geworden und hat ihn danach nicht wieder gesehen. Das Jugendamt wird Finja über die Möglichkeit einer Vaterschaftsanerkennung und -feststellung und deren Folgen, z. B. das Entstehen von Toms Unterhaltspflicht, beraten (s. u. »Das Jugendamt als Akteur in unterhaltsrechtlichen Fragen«). Tom kann die Vaterschaft beim Jugendamt anerkennen und sich durch eine Unterhaltsurkunde »freiwillig« zur Zahlung von Unterhalt verpflichten. Ist Tom nicht bereit, die Vaterschaft anzuerkennen und einen Unterhaltstitel zu errichten, kann die Vaterschaft auch in einem gerichtlichen Verfahren festgestellt und ein Unterhaltstitel (s. o.) durch einen familiengerichtlichen Beschluss erwirkt werden.

Das vereinfachte Verfahren stellt eine solche Möglichkeit gerichtlicher Feststellung dar. Es ist ein gerichtliches Massenverfahren, das auf Initiative des*der Berechtigten, in der Praxis fast ausschließlich von den Jugendämtern (im Rahmen der Beistandschaft, s. u. »Das Jugendamt als Akteur in unterhaltsrechtlichen Fragen«) genutzt wird. Im vereinfachten Verfahren herrscht sog. *Formularzwang*, d. h., es müssen die gemäß § 259 FamFG bereitgestellten Formulare benutzt werden. Im vereinfachten Verfahren kann der Unterhalt nur für minderjährige Kinder, die mit dem in Anspruch genommenen Elternteil nicht in einem Haushalt leben, festgesetzt werden. Darüber hinaus gilt die Einschränkung, dass der geltend gemachte

Unterhalt vor Anrechnung von Kindergeld oder Ersatzleistungen das 1,2-fache des Mindestunterhalts nach § 1612a Abs. 1 BGB nicht übersteigt, § 249 Abs. 1 FamFG. Wird das Kind im laufenden vereinfachten Verfahren volljährig, kann der Unterhalt bis zur Volljährigkeit festgesetzt werden. Der erwirkte Titel bleibt auch über den Eintritt der Volljährigkeit des Kindes hinaus wirksam, § 244 FamFG. Wegen des Wegfalls der gesetzlichen Vertretung müssen die Beträge ab Volljährigkeit vom Kind selbst erstritten werden. Es besteht zudem die Möglichkeit, Unterhaltsrückstände (► Kap. 2.3.2: »Unterhaltsrückstand und ›laufender‹ Unterhalt) titulieren zu lassen. Darüber hinaus kann gemäß § 1612a Abs. 1 BGB der Unterhalt in Prozenten des jeweiligen Mindestunterhalts geltend gemacht werden.

Praxishinweis

Wenn sich der*die Unterhaltsverpflichtete gegen die Festsetzung im vereinfachten Verfahren wehren möchte mit dem Einwand, dass er*sie nicht leistungsfähig ist, muss er*sie die im Formular vorgesehene Erklärung ordnungsgemäß ausfüllen und die geforderten Unterlagen zu seinem*ihrem Einkommen beifügen.

Statischer und dynamischer Unterhaltstitel beim Kindesunterhalt

Bei einem statischen Unterhaltstitel wird der*die Unterhaltsschuldner*in zur Zahlung eines *genau bestimmten* Unterhaltsbetrags verpflichtet. Beim dynamischen Unterhaltstitel geht es um die Zahlung eines nach der Düsseldorfer Tabelle *bestimmbaren* Unterhalts. Es wird daher ›nur‹ festgelegt, nach welcher Einkommensgruppe der Düsseldorfer Tabelle sich der Unterhalt bestimmt (jeweiliger Prozentsatz des jeweiligen Mindestunterhalts). So nimmt der Berechtigte automatisch an der Dynamisierung des sächlichen Existenzminimums gemäß § 32 Abs. 4 Satz 1 EStG sowie an der Erhöhung des Unterhalts durch Erreichen der nächsten Altersstufe teil. In der Praxis ist der dynamische Titel der Regelfall, da der Titel beim Erreichen der nächsten Altersstufe des Kindes nicht abgeändert (▶ Kap. 3.2) werden muss.

Darüber hinaus besteht die Möglichkeit der Festsetzung jeglicher Unterhaltsansprüche im *isolierten Unterhaltsverfahren* sowie in einer *notariellen Vereinbarung*. Sollen unterhaltsrechtliche Ansprüche im Rahmen einer Scheidung bzw. Aufhebung einer Lebenspartnerschaft geklärt werden, können sie zudem im Rahmen einer sog. »Verbundsache« zusammen mit der Scheidung/Aufhebung der Lebenspartnerschaft anhängig gemacht werden. Darüber hinaus können unterhaltsrechtliche Ansprüche auch vertraglich vereinbart werden; nacheheliche Unterhaltsansprüche, die vor der Rechtskraft der Scheidung getroffen werden, bedürfen jedoch der notariellen Beurkundung, § 1585c BGB. Soll die vertragliche Vereinbarung einen vollstreckbaren Titel darstellen, muss ein notarielles Schuldanerkenntnis erfolgen. Im Hinblick auf den Verwandtenunterhalt wird die Vertragsfreiheit durch § 1614 BGB eingeschränkt (▶ Kap. 2.3.1).

Praxishinweis

Gerichtliche Unterhaltsanträge, sowohl im isolierten Verfahren als auch im Verbundverfahren, werden durch Beschluss des Gerichts entschieden oder enden durch einen gerichtlichen Vergleich (Prozessvergleich). Ein Prozessvergleich ist eine Einigung zwischen den Streitenden (Berechtigte*r und Verpflichtete*r) zur Beilegung des Konflikts und des gerichtlichen Verfahrens.

Isoliertes Verfahren und Verbundverfahren

Von einem sog. Verbundverfahren spricht man im Zusammenhang mit einem Scheidungsverfahren (»Scheidungsverbund«). Das bedeutet, dass gemeinsam mit dem Scheidungsantrag weitere Streitigkeiten (sog. »Folgesachen«, z. B. Unterhalt, Umgangsrecht, Sorgerecht) vor Gericht gebracht werden und die Scheidung erst dann ausgesprochen wird, wenn die Folgesachen geklärt sind. Bei der Folgesache »Versorgungsausgleich« (der Ausgleich der innerhalb der Ehe entstandenen Rentenanwartschaften) handelt es sich um einen sog. »Zwangsverbund«, d. h., hier besteht kein Wahlrecht und beides wird gemeinsam im Scheidungsverbund entschieden. Die anderen Themen können jedoch optional von einem*einer vertretenden Anwält*in in den Verbund eingebracht werden, was i. d. R. zu einem längeren Scheidungsverfahren führt, unter Umständen aber weniger kostenintensiv wird als isolierte Verfahren. Bei einem isolierten Verfahren werden familienrechtliche Anträge (z. B. über Unterhalt, Sorgerecht, Umgangsrecht) unabhängig vom Scheidungsverfahren ans Gericht gestellt. Trennungsunterhalt kann nie Bestandteil des Scheidungsverbundes sein, sondern muss immer in einem isolierten Verfahren beantragt werden (vgl. hierzu: Johannsen et al. 2020, § 200 Rn. 25–27).

Praxishinweis

In Unterhaltsrechtsstreitigkeiten besteht sog. *Anwaltszwang*, d. h., die Beteiligten müssen sich anwaltlich vertreten lassen. Diese Pflicht entfällt in Unterhaltssachen für Beteiligte, die durch das Jugendamt als Beistand, Vormund oder Ergänzungspfleger vertreten sind, § 114 Abs. 4 Nr. 2 FamFG.

Exkurs: Das Jugendamt als Akteur in unterhaltsrechtlichen Fragen

Das Jugendamt tritt bei unterhaltsrechtlichen Themen in unterschiedlichen Rollen in Erscheinung. Zum einen ergibt sich aus § 18 Abs. 1 und 4 SGB VIII ein Anspruch auf *Beratung* in Unterhaltsfragen für Mütter und Väter von Minderjährigen bzw. für volljährige Kinder bis zum 21. Lebensjahr. Sind Eltern bei der Geburt des Kindes nicht miteinander verheiratet, steht der Mutter ein weitergehendes Beratungsangebot gemäß § 52a SGB VIII (u. a. über Vaterschaftsfeststellung und -anerkennung, Errichtung von Jugendamtsurkunden, Errichtung einer Beistandschaft) zu. Darüber hinaus können Mitarbeitende des Jugendamts gemäß § 55 SGB VIII, § 1712 Abs. 1 Nr. 2 BGB auf schriftlichen Antrag des Elternteils als *Beistand* Unterhaltsansprüche gegen den*die Barunterhaltsverpflichteten geltend machen. Der Beistand setzt die dem Kind zustehenden unterhaltsrechtlichen Ansprüche ggf. gerichtlich durch; für die Antragsteller entstehen hierbei keine Kosten. Die Urkundsperson des Jugendamts kann die Verpflichtung zur Zahlung von Kindesunterhalt, § 59 Abs. 1 Nr. 3 SGB VIII (Volljährigenunterhalt, jedoch nur bis zu Vollendung des 21. Lebensjahres des Kindes) sowie die Verpflichtung zur Zahlung von Betreuungsunterhalt Unverheirateter, § 59 Abs. 1 Nr. 6 SGB VIII, *beurkunden* und somit einen *Vollstreckungstitel* (s. o.) errichten. Die *Unterhaltsvorschussstelle* des Jugendamts gewährt Alleinerziehenden, die keinen oder nicht regelmäßig Unterhalt von der*dem Barunterhaltsverpflichteten erhalten unter bestimmten Voraussetzungen Unterhaltsvorschuss nach dem Unterhaltsvorschussgesetz (▶ Kap. 5.2). Auch dieser Service ist für den alleinerziehenden Elternteil gebührenfrei.

3.2 Unterhaltsabänderung

Stimmt die Lebenswirklichkeit *nicht* mehr mit den Annahmen überein, die bei Errichtung des Titels zugrunde gelegt wurden (z. B. Verpflichtete*r ist nicht mehr leistungsfähig, Berechtigte*r) nicht mehr bedürftig) kommt eine Unterhaltsabänderung in Betracht. Dieser Wunsch auf Abänderung kann sich sowohl für Berechtigte als auch für Verpflichtete ergeben.

Praxisbeispiel

Tobias hat sich nach der Geburt seiner Tochter Greta (5) in einer Jugendamtsurkunde dazu verpflichtet, Unterhalt nach der 3. Einkommensgruppe der Düsseldorfer Tabelle zu bezahlen. Er ist aber nun mit einer anderen Frau erneut Vater einer Tochter geworden, was dazu führt, dass er nur noch i. H. der Einkommensgruppe 2 leistungsfähig ist.

Tobias sollte sich im obigen Beispielsfall zunächst an Gretas Mutter bzw. im Falle einer Beistandschaft an das zuständige Jugendamt wenden, damit die Jugendamtsurkunde außergerichtlich abgeändert wird. Dies kann praktischerweise so geschehen, dass der*die Unterhaltsberechtigte auf den Titel verzichtet und die vollstreckbare Ausfertigung an den*die Unterhaltsverpflichtete*n herausgibt. Eine Zwangsvollstreckung kann aus dieser ›überholten‹ Jugendamtsurkunde dann nicht mehr erfolgen. Es muss aber zeitgleich eine neue Jugendamtsurkunde errichtet werden, die die aktuelle Leistungsfähigkeit widerspiegelt. Durch diesen ›Titelaustausch‹ wird ein kostenintensives gerichtliches Unterhaltsabänderungsverfahren vermieden.

Praxishinweis

Im Falle eines Abänderungswunsches sollte derjenige*diejenige, der*die die Abänderung möchte, zunächst die andere Partei außergerichtlich (mit Fristsetzung) zur »freiwilligen« Abänderung auffordern. Nur wenn zuvor die Chance zur freiwilligen Abänderung gegeben wurde, ist klar, dass die Kosten eines Unterhaltsprozesses von dem*der unterliegenden Gegner*in zu tragen sind (vgl. zu Unterhaltsabänderungen: Graba 2020, 274).

Unterhaltsherabsetzung »auf Null«

Im Zusammenhang mit einem Abänderungswunsch hört man in der Beratungspraxis oft die Frage nach einer »Unterhaltsherabsetzung auf Null«. Auslöser ist z. B. die Inhaftierung des*der Unterhaltsverpflichteten oder der völlige Wegfall von Erwerbseinkommen. Es handelt sich hierbei um den Wunsch nach *außergerichtlicher Abänderung* i. S. eines *Wegfalls* der Unterhaltsplicht. Dies ist insofern verständlich, weil die Existenz des vollstreckbaren Titels über die wiederkehrende Leistung »Unterhalt« dazu führt, dass monatlich neue Verbindlichkeiten (Unterhaltsrückstand, ▶ Kap. 2.3.2: »Unterhaltsrückstand und ›laufender‹ Unterhalt«) entstehen, auch wenn der*die Verpflichtete mangels Erwerbseinkommen zur Zahlung nicht in der Lage ist. Dieses ›Auflaufen‹ neuer Verbindlichkeiten kann nur durch den Wegfall der Unterhaltspflicht als solche verhindert werden. Handelt es sich um Unterhalt für minderjährige Kinder, ist aber die gesteigerte Erwerbsobliegenheit zu beachten und die Möglichkeit der Zurechnung »fiktiver« Einkünfte (▶ Kap. 1.2: »Verschärfte Unterhaltspflicht, gesteigerte Erwerbsobliegenheit, Zurechnung fiktiver Einkünfte«). Lassen sich Unterhaltsberechtigte bzw. das Jugendamt auf eine Herabsetzung ein, reicht aus der Perspektive des*der Verpflichteten nicht aus, dass bestätigt wird »derzeit nicht zu vollstrecken«. Es muss auch auf die Unterhaltsverpflichtung selbst verzichtet werden.

Kommt eine außergerichtliche Abänderung nicht Betracht, muss ein gerichtliches *Abänderungsverfahren* gemäß § 238 bzw. § 239 FamFG eingeleitet werden. Ein Abänderungsantrag muss beim zuständigen Familiengericht erhoben werden, auch hier besteht Anwaltszwang. Eine Abänderung setzt zunächst einen *existierenden Titel* (▶ Kap. 3.1) voraus. Da Unterhaltsberechtigte einen Anspruch auf Titulierung haben, kommt für den Fall, dass ein solcher noch nicht existiert, keine Abänderung, sondern nur die (erstmalige) Festsetzung im Rahmen eines vollstreckbaren Titels in Frage.

Praxisbeispiel

Otto und Lina haben sich darauf geeinigt, dass Otto Lina monatlichen Unterhalt i. H. v. 500 € bezahlt. Otto hat dies in der Vergangenheit auch stets pünktlich getan, so dass Lina keine Veranlassung sah, einen Titel errichten zu lassen. Nun kann Lina wegen einer Erkrankung des gemeinsamen Kindes nur noch geringfügig arbeiten und möchte von Otto mehr Unterhalt. Otto ist hierzu nicht bereit. Hier kommt keine Abänderung in Betracht. Es muss, da noch kein vollstreckbarer Titel existiert, vielmehr ein solcher von Lina geschaffen werden. In dieser erstmaligen Festsetzung kann dann die aktuelle Situation berücksichtigt werden.

Darüber hinaus müssen sich die Verhältnisse, die für Höhe und Dauer der zuerkannten Unterhaltsleistung maßgebend waren, *wesentlich* verändert haben. Eine wesentliche Veränderung kann z. B. das dauerhafte Absenken des Einkommens, das Hinzutreten weiterer Unterhaltsverpflichtungen oder eine dauerhafte Erwerbsunfähigkeit sein.

Praxisbeispiel

Volker ist aufgrund eines Unterhaltsfestsetzungsbeschlusses zur Zahlung von Mindestunterhalt für seinen einjährigen Sohn Justin verurteilt worden. Nun tritt Volker eine dreijährige Haftstrafe an. Eine Abänderung kann in diesem Fall nur zeitlich befristet für die Dauer des Gefängnisaufenthalts ausgesprochen werden. Dies hat für den Berechtigten den Vorteil, dass der Titel danach wieder auflebt und nicht neu erstritten werden muss.

Praxishinweis

Nur sehr vorübergehende Veränderungen (z. B. kurze Arbeitslosigkeit) führen nicht zu einer Möglichkeit der Abänderung, da es sich nicht um eine wesentliche Veränderung der Verhältnisse handelt.

3.3 Beratungshilfe und Verfahrenskostenhilfe

Die gesetzlichen Regelungen zu Beratungshilfe und Prozesskostenhilfe bzw. Verfahrenskostenhilfe geben Menschen mit geringen Einkünften die Möglichkeit, fachkundliche Unterstützung in rechtlichen Angelegenheiten zu erhalten.

3.3.1 Beratungshilfe

Die Beratungshilfe ist im Beratungshilfegesetz (BerHG) geregelt und beinhaltet die Beratung und außergerichtliche Vertretung, während Prozesskostenhilfe bzw. Verfahrenskostenhilfe die gerichtliche Vertretung meint. Die Prozesskostenhilfe ist in §§ 114 ff. der Zivilprozessordnung (ZPO) geregelt, die Verfahrenskostenhilfe, die sich auf familiengerichtliche Verfahren bezieht, in § 76 ff. FamFG (eingehend: Schneider 2022, 488).

> **Exkurs: Zivilprozessordnung, Familienverfahrensgesetz, Erkenntnis und- Vollstreckungsverfahren**
>
> Die Zivilprozessordnung regelt den Ablauf zivilrechtlicher Rechtsstreitigkeiten und gibt quasi die ›Spielregeln‹ der Durchführung des sog. Erkenntnisverfahrens und des Zwangsvollstreckungsverfahrens vor. Mit Erkenntnisverfahren ist die Durchführung gerichtlicher Verfahren bis zum Ausspruch der Entscheidung (z. B. Beschluss oder Urteil) gemeint (»Recht bekommen«). Das Vollstreckungsverfahren schließt sich an das Erkenntnisverfahren an und regelt die Durchsetzung des verbrieften Rechts mit staatlichen Mitteln (»Recht durchsetzen«, ▶ Kap. 4.1). Familienrechtliche Angelegenheiten sind grundsätzlich zivilrechtliche Rechtsstreitigkeiten, so dass die ZPO auch hierfür gelten müsste. Allerdings gibt es für Familiensachen ein ›Spezialgesetz‹, das Familienverfahrensgesetz (FamFG). Dieses ist im Jahr 2009 in Kraft getreten und hat die ›Spielregeln‹ in Familiensachen grundlegend ›upgedatet‹. Der Begriff »Familiensachen« wird z. B. sehr weit betrachtet, so dass sich die *Spezialkompetenz* der Familiengerichte entfalten kann (»Großes Familiengericht«). Da in der ZPO von »Prozessen« gesprochen wird, im FamFG von »Verfahren«, regeln §§ 76 ff. FamFG die »Verfahrenskostenhilfe«. Hier wird aber bei den Einzelheiten der Bewilligung auf die Vorschriften der ZPO verwiesen. Der Unterschied zwischen »Prozesskostenhilfe« und »Verfahrenskostenhilfe« ist somit nur ein sprachlicher.

Um Beratungshilfe zu erhalten, müssen folgende Voraussetzungen gemäß § 1 BerHG vorliegen.

Der*die Rechtsuchende kann die erforderlichen Mittel zur Wahrnehmung seiner*ihrer Rechte nach seinen*ihren persönlichen und wirtschaftlichen Verhältnissen nicht aufbringen.

Dies ist dann der Fall, wenn der*die Rechtsuchende aufgrund seines*ihres Einkommens auch nicht zu ratenweiser Begleichung der Verfahrenskosten imstande ist. Dies ist eindeutig der Fall, wenn Sozialleistungsbezug nach dem SGB II oder SGB XII vorliegt. In allen anderen Fällen niedrigen Einkommens muss dies anhand des Einkommens der Unterhaltsberechtigten sowie der monatlichen Ausgaben konkret berechnet werden. Das Einkommen wird hierbei um bestimmte Freibeträge und Abzugsposten bereinigt. Der zu verbleibende Rest ist das sog. »einzusetzende« Einkommen. Es gilt das Prinzip ›Hop oder Top‹: Nur, wenn das sog. »einzusetzende« Einkommen keinen Spielraum für eine Ratenzahlung lässt, wird Beratungshilfe bewilligt.

Praxishinweis

Die Amtsgerichte haben sog. Rechtsantragstellen, die direkte und praktische Hilfe bei Anträgen bieten. Für die Gewährung von Beratungshilfe kann der*die zuständige Beamt*in (Rechtspfleger*in) direkt einen Berechtigungsschein ausstellen. Zu empfehlen ist, direkt Belege zu den persönlichen und wirtschaftlichen Verhältnissen mitzubringen (Einkommensnachweise, Mietvertrag etc.). Beratungshilfe kann auch schriftlich mit einem Online-Formular beantragt werden (https://bit.ly/3Q0Oq5c). Wurde ein Berechtigungsschein erteilt, kann man eine Beratungsperson (Rechtsanwält*in) aufsuchen und ihr diesen vorlegen. Die Beratungsperson kann dann die Kosten direkt mit der Landeskasse abrechnen. Wer sich durch eine*n Anwält*in beraten oder auch vertreten lässt, muss 15 € Eigenbeitrag an diese*n zahlen. Die Beratungs-

person kann auf diese 15 € verzichten, wenn die rechtsuchende Person diesen Betrag nicht aufbringen kann.

Es steht keine andere Möglichkeit für eine Hilfe zur Verfügung, deren Inanspruchnahme den Rechtsuchenden zuzumuten ist.

Diese sog. Subsidiaritätsklausel spielt in kindesunterhaltsrechtlichen Angelegenheiten eine Rolle: Einige Gerichte argumentieren, dass Rechtsuchenden mit der beratenden Tätigkeit der Jugendämter in Kindesunterhaltsfragen eine solche »andere Möglichkeit« zu Verfügung steht und die Gewährung von Beratungshilfe somit ausscheidet. Denn gemäß § 18 SGB VIII besteht ein rechtlicher Anspruch auf Beratung und Unterstützung bei der Ausübung der Personensorge einschließlich der Geltendmachung von Unterhaltsansprüchen des Kindes (§ 18 Abs. 1 SGB VIII). Diese Möglichkeit müsse grundsätzlich vor der Bewilligung von Beratungshilfe in Anspruch genommen werden. Junge Volljährige bis zum 21. Lebensjahr haben ebenfalls einen Anspruch auf Beratung durch das Jugendamt (§ 18 Abs. 4 SGB VIII). Wegen der fehlenden Möglichkeit der Errichtung einer Beistandschaft und der somit ggf. notwendigen weiteren Beauftragung eines*einer Rechtsanwält*in ist die Subsidiaritätsklausel bei den jungen Volljährigen jedoch nicht anzuwenden; hier wird die Inanspruchnahme der Beratungshilfe nicht in Frage gestellt.

Praxishinweis

Sind komplexe Sachverhalte zu klären und Rechtsfragen zu beurteilen (geht es z. B. um eine Unterhaltsabänderung), können Rechtsuchende nicht auf die Beratung durch das Jugendamt verwiesen werden. Sollte in diesem Fall Beratungshilfe verwehrt worden sein, empfiehlt sich, hiergegen *Rechtsmittel* einzulegen.

(3)   Die Inanspruchnahme der Beratungshilfe ist nicht mutwillig.

Würde ein*e Selbstzahler*in bei verständiger Würdigung aller Umstände der Rechtsangelegenheit davon absehen, sich auf eigene Kosten rechtlich beraten oder vertreten zu lassen? Dies dürfte der Fall sein, wenn der Geldwert der Sache, um die es geht, deutlich unter den Kosten des*der Verfahrensbevollmächtigte*n liegt (z.B. geht es um den Betrag von 25 €) und der Antragsteller trotz eines einfachen Sachverhalts nicht eigeninitiativ tätig war.

> **Praxishinweis**
>
> In den Ländern Bremen und Hamburg tritt an die Stelle der Beratungshilfe eine öffentliche Rechtsberatung. In Hamburg erteilen die Öffentlichen Rechtsauskunfts- und Vergleichsstellen (ÖRA) Auskunft, in Bremen die Arbeitnehmerkammern. In Berlin existiert ein Wahlrecht zwischen der öffentlichen Rechtsberatung und der Beratungshilfe.

3.3.2 Verfahrenskostenhilfe

Verfahrenskostenhilfe wird zur Durchführung familiengerichtlicher Verfahren bewilligt. Die Bewilligung der Verfahrenskostenhilfe im Unterhaltsrecht setzt voraus, dass Berechtigte*r und/oder Verpflichtete*r ..

1. einen Antrag auf Bewilligung stellt:
   Der Antrag muss vor oder (spätestens) während des sog. Hauptsacheverfahrens gestellt werden. Es müssen Angaben zu den persönlichen und wirtschaftlichen Verhältnissen nebst Belegen beigefügt und der Konflikt, um den es geht (Rechtsstreit), nach juristischen Regeln vorgetragen werden.
2. der Antrag erfolgsversprechend scheint:
   Das Gericht prüft, ob der sich anschließende Rechtsstreit »Aussicht auf Erfolg« hat. Wenn der*die Gegner*in Verfahrenskostenhilfe beantragt, prüft es, ob die Verteidigung »Aussicht auf Erfolg« hat. Damit die

Prüfung keine »Vorwegnahme« der Hauptsache ist, dürfen die Erwartungen nicht überspannt werden. In der Praxis erhalten oft sowohl Berechtigte*r als auch Verpflichtete*r Verfahrenskostenhilfe.

3. die Kosten für das Verfahren nicht aufbringen kann:
Für die Erklärung der »persönlichen und wirtschaftlichen Verhältnisse« ist das amtliche Formular (https://justiz.de/service/formular/dateien/zp1 a.pdf) zu verwenden. Wie bei der Beratungshilfe wird das Einkommen um bestimmte Freibeträge und Abzugsposten bereinigt. Der zu verbleibende Rest ist das sog. »einzusetzende« Einkommen. Es gilt hier aber nicht das Prinzip ›Hop oder Top‹: Wenn das sog. »einzusetzende« Einkommen einen Spielraum für eine Ratenzahlung lässt, wird Verfahrenskostenhilfe mit Ratenzahlung bewilligt, in den anderen Fällen »ratenfreie« Verfahrenskostenhilfe.

Praxishinweis

Wer den Prozess verliert, muss auch bei erfolgter Verfahrenskostenhilfebewilligung i.d.R. die Kosten der gegnerischen Partei bezahlen. Hiervon ist man jedoch bei »ratenfreier« Verfahrenskostenhilfe befreit.

4. nicht mutwillig handelt:
Wie bei der Beratungshilfe wird die steuerfinanzierte Verfahrenskostenhilfe dann nicht bewilligt, wenn ein*e Selbstzahler*in bei verständiger Würdigung aller Umstände der Rechtsangelegenheit davon absehen würde, sich auf eigene Kosten rechtlich beraten oder vertreten zu lassen.

Verfahrenskostenhilfeprüfverfahren und Hauptsacheverfahren

Das Hauptsacheverfahren ist der Konflikt (Rechtsstreit), um den es den Beteiligten inhaltlich geht (z.B. der Streit um die Zahlung von Kindesunterhalt). Das Verfahrenskostenhilfeprüfverfahren ist dem Hauptsacheverfahren vorgelagert. Hier entscheidet das in der Hauptsache zuständige Gericht, ob neben der mangelnden finanziellen Leistungsfähigkeit des*der Antragsteller*in der Rechtsstreit auch erfolgsverspre-chend ist.

Praxishinweis

Für das Verfahrenskostenhilfeprüfverfahren besteht grundsätzlich kein Anwaltszwang. Es empfiehlt sich jedoch, eine*n Anwält*in bereits für das Verfahrenskostenhilfeprüfverfahren hinzuzuziehen, da im Rahmen der Prüfung der »Erfolgsaussicht« der gesamte Rechtsstreit nach juristischen Regeln (inklusive Beweismitteln) vorgetragen werden muss. Der*die Anwält*in kann für das Verfahrenskostenhilfeprüfverfahren eine Gebühr verlangen. Wird Verfahrenskostenhilfe bewilligt, wird der*die Anwält*in beigeordnet und kann seine*ihre weiteren Gebühren direkt mit der Landeskasse abrechnen.

Auf den Punkt gebracht

Zur Festsetzung unterhaltsrechtlicher Ansprüche stehen verschiedene Wege bereit. Nur wenn unterhaltsrechtliche Ansprüche auch tituliert sind, können sie im Falle einer Nicht-Zahlung mit staatlichen Mitteln durchgesetzt (vollstreckt) werden. Auf eine Titulierung haben Unterhaltsberechtigte einen Anspruch, auch wenn der Unterhalt bislang pünktlich bezahlt wurde. Beim Kindesunterhalt ist das Jugendamt ein wichtiger Akteur: Es bestehen Ansprüche auf kostenfreie Beratung, kostenfreie Errichtung eines vollstreckbaren Titels (Jugendamtsurkunde) und darüber hinaus kann der Unterhalt im Rahmen einer Beistandschaft auch gegen den*die Verpflichteten durchgesetzt werden. Haben sich die Verhältnisse von Berechtigten und/oder Verpflichteten wesentlich verändert, kann der einmal festgesetzte Unterhaltsbetrag durch eine Abänderung angepasst werden. Auch Menschen mit geringen Einkünften können sich in unterhaltsrechtlichen Fragen beraten lassen und ggf. den Konflikt vor Gericht austragen. Durch die Regelungen zur Beratungshilfe (bzw. in einigen Bundesländern zur öffentlichen Rechtsberatung) und Verfahrenskostenhilfe stehen Hilfen für außergerichtliche und gerichtliche Rechtsverfolgung bereit.

Reflexionsfragen

- Welche Möglichkeiten einer erstmaligen Festsetzung eines Unterhaltsbetrags stehen zur Verfügung?
- In welchen Konstellationen kann das Jugendamt bei der Festsetzung des Unterhalts auf den Plan treten?
- Kann der Unterhalt auch »auf Null« herabgesetzt werden? Wenn ja, unter welchen Voraussetzungen ist dies möglich?
- Unter welchen Voraussetzungen kann der festgelegte Unterhaltsbetrag angepasst werden?
- Was ist der Unterschied zwischen Beratungshilfe, Prozesskostenhilfe und Verfahrenskostenhilfe?

Weiterführende Literatur

Graba, Hans-Ulrich (2020): Gemeinsamkeiten der Abänderung von Unterhaltsentscheidungen und Unterhaltsvergleichen. In: NZFam, Heft 7, S. 274 ff.
Schneider, Hagen (2022): Die Entwicklung der Rechtsprechung zur Verfahrenskosten- und Beratungshilfe. In: NZFam, Heft 11, S. 488 ff.

4 Durchsetzung unterhaltsrechtlicher Ansprüche

☞ **Überblick**

In diesem Kapitel geht es um die Frage, wie unterhaltsrechtliche Titel zwangsweise durchgesetzt werden können, wenn der*die Unterhaltsverpflichtete der Zahlung nicht freiwillig nachkommt. Ebenso geht es darum, wie sich Unterhaltsverpflichtete gegen die zwangsweise Durchsetzung zur Wehr setzen können. Darüber hinaus wird die Frage behandelt, welche Möglichkeiten, aber auch Pflichten es für überschuldete Unterhaltsverpflichtete gibt sowie die strafrechtlich relevante Nicht-Zahlung von Unterhalt.

4.1 Zwangsweise Durchsetzung unterhaltsrechtlicher Ansprüche

Hat der*die Unterhaltsberechtigte eine vollstreckbare Ausfertigung des Unterhaltstitel (▶ Kap. 3.1) erhalten, kann er*sie im Falle der Nicht-Zahlung des Unterhalts die Zwangsvollstreckung betreiben. Hierbei handelt es sich um Durchsetzung des verbrieften Rechts mit staatlichen Mitteln (»Recht durchsetzen«). Bei der Zwangsvollstreckung unterhaltsrechtlicher Ansprüche müssen wie bei anderen Fällen der Zwangsvollstreckung zwei

Fragen geklärt werden: Wegen was wird vollstreckt und worein wird vollstreckt?

Wegen was wird vollstreckt?

Beim Unterhalt kann entweder wegen laufender Unterhaltsansprüche oder rückständigem Unterhalt (▶ Kap. 2.3.2: »Unterhaltsrückstand und ›laufender‹ Unterhalt«) oder wegen einer Kombination aus laufendem und rückständigem Unterhalt vollstreckt werden. Es handelt sich somit um eine Zwangsvollstreckung wegen Geldforderungen. Zu beachten ist, dass für unterhaltsrechtliche Ansprüche bei der Vollstreckung teilweise Sonderregelungen gelten, wenn es sich um sog. »privilegierte« Ansprüche handelt.

»Privilegierte« Unterhaltsforderungen, »bevorrechtigte« Pfändung, »Vorrechtsbereich«

Privilegiert wird die Vollstreckung folgender gesetzlicher Unterhaltsansprüche:

- laufender Unterhalt,
- Rückstand bis zu einem Jahr sowie
- Rückstände, die länger als ein Jahr zurückliegen, wenn sich der*die Unterhaltsverpflichtete (Schuldner*in) seiner*ihrer Zahlungspflicht absichtlich entzogen hat.

Die Privilegierung führt zu einer bevorrechtigten Pfändung: Der*die Unterhaltsberechtigte (Gläubiger*in) kann auf Einkommensanteile zugreifen, die anderen Gläubiger*innen (z. B. Kreditinstituten, Versandhäusern etc.) vorenthalten sind. Diesen, nur den genannten Unterhaltsgläubiger*innen zustehenden Bereich nennt man *Vorrechtsbereich* (vgl. Benner 2019).

Worein wird vollstreckt?

Grundsätzlich unterschieden wird zwischen der Vollstreckung in bewegliches Vermögen und unbewegliches Vermögen (Immobilien). Da die Vollstreckung in unbewegliches Vermögen, z. B. durch Beantragung einer Zwangsversteigerung einer Immobilie, in der Praxis der Sozialen Arbeit nicht sehr relevant ist, soll es hier um die praxisrelevante Vollstreckung in *bewegliches Vermögen* gehen. Bei der Vollstreckung in bewegliches Vermögen wird zwischen der Vollstreckung in körperliche Gegenstände und der Vollstreckung in Forderungen (Forderungspfändung) unterschieden.

Zwangsvollstreckung in körperliche Gegenstände und Forderungspfändung

Die Zwangsvollstreckung in körperliche Gegenstände wird auch die »Gerichtsvollzieher-Vollstreckung« genannt, da der*die Gerichtsvollzieher*in für die Durchführung dieser Vollstreckung zuständig ist. Der*die Gerichtsvollzieher*in nimmt auf Antrag eines*einer Gläubiger*in Gegenstände, die sich im Besitz des*der Schuldner*in befinden, »in Gewahrsam«. Dieser Vorgang heißt »Pfändung«. Geld, Schmuck etc. nimmt der*die Gerichtsvollzieher*in direkt mit und bringt sie zur Pfandkammer des Amtsgerichts. Bei größeren Gegenständen (Fernseher, Gemälde etc.) wird zunächst ein sog. Pfandsiegel an dem Gegenstand angebracht (›Kuckuck‹), im Anschluss von einem beauftragten Speditionsunternehmen abgeholt und ebenfalls zur Pfandkammer gebracht. Danach werden diese Gegenstände i. d. R. durch öffentliche Versteigerung verwertet. Der Erlös fließt dann, nach Abzug der Kosten, die dieses Verfahren verursacht, den Vollstreckungsgläubiger*innen zu. Hierbei ist jedoch zu beachten, dass die Wegnahme bestimmter Gegenstände ›tabu‹ ist, insbesondere:

- die zu einer bescheidenen Lebens- und Haushaltsführung benötigten persönlichen Sachen (vgl. § 811 ZPO), z. B. Tisch, Bett, Stuhl, Schrank, Kleidung, Fahrrad, Uhr, Kühlschrank, Fernseher,
- Haustiere,

- Arbeitsgeräte wie Computer (wenn benötigt) und PKW (wenn benötigt).

Die Pfändung von Forderungen ist abstrakter, jedoch *sehr praxisrelevant*, da hierbei mehr bei dem*der Schuldner*in ›zu holen‹ ist. Die meisten Zwangsvollstreckungen durch den*die Gerichtsvollzieher*in enden »fruchtlos«, d.h. der*die Gerichtsvollzieher*in teilt dem*der Gläubiger*in mit, dass bei dem*der Schuldner*in ›nichts zu holen‹ war. Der*die Gläubiger*in greift bei der Forderungspfändung auf einen Anspruch des*der Schuldner*in gegen Dritte (sog. Drittschuldner*innen) zu.

Beispiele

- Pfändung des Kontos des*der Schuldner*in: Der*die Gläubiger*in greift auf den Auszahlungsanspruch des*der Schuldner*in gegen seine*ihre Bank zu. Die Bank ist hierbei die Drittschuldnerin.
  → Der*die Schuldner*in kann sich durch die Einrichtung eines sog. P-Kontos schützen.
- Pfändung des Lohns: Der*die Gläubiger*in pfändet den Anspruch auf Auszahlung des Lohns des*der Schuldner*in. Der Arbeitgeber ist hierbei Drittschuldner.
  → Gepfändet werden darf nur der sog. Pfändungsfreibetrag.
- Pfändung von Sozialleistungen: Der*die Gläubiger*in pfändet den Anspruch auf Auszahlung der Sozialleistung des*der Schuldner*in. Der Sozialleistungsträger ist hierbei Drittschuldner.
  → Die meisten Sozialleistungen sind jedoch unpfändbar.

Exkurs: Pfändungsfreibetrag, P-Konto, unpfändbare Sozialleistungen

Der Pfändungsfreibetrag tritt bei der Lohnpfändung auf den Plan. Hierbei handelt es sich um den Schutz des*der Schuldner*in und seiner*ihrer Angehörigen vor einer sog. »Kahlpfändung«: Dem*der Schuldner*in muss ein *existenzsicherndes Minimum* verbleiben. Der

Pfändungsfreibetrag ergibt sich aus einer Tabelle, die dem § 850c ZPO angehängt ist. Jeweils zum 1. Juli eines jeden Jahres werden die Pfändungsfreigrenzen nach dem Maßstab der Änderung des einkommensteuerrechtlichen Grundfreibetrags in § 32a Abs. 1 Satz 2 Nr. 1 des Einkommensteuergesetzes (EStG) angepasst. Bei einem Arbeitseinkommen, das den Grundfreibetrag übersteigt, soll dem*der Schuldner*in zudem ein gewisser Teil seines*ihres Mehrverdienstes verbleiben. Der pfändungsfreie Betrag erhöht sich zudem, wenn der*die Schuldner*in anderen Personen aufgrund einer gesetzlichen Verpflichtung Unterhalt zu leisten hat. Hierdurch soll auch verhindert werden, dass Schuldner*innen aufgrund von Pfändungsmaßnahmen auf Sozialleistungen angewiesen sind und dadurch die Allgemeinheit für private Schulden einzustehen hat (vgl. zu den aktuellen Entwicklungen: Salten 2021).

Praxisbeispiel

Arthur ist Single und verdient 1.900 € netto. Bei einer Lohnpfändung würden im gemäß der Pfändungstabelle (Spalte Nettolohn monatlich 1.900 bis 1.909,99 € und Unterhaltsplichten »0«) monatlich 398,89 € abgezogen und vom Arbeitgeber an die pfändenden Gläubiger*innen überwiesen. Hätte Arthur für ein Kind zu sorgen, wären 34,61 € pfändbar (Spalte Unterhaltspflicht »1«) bei zwei oder mehr Kindern wäre nichts pfändbar.

Da ein pfändbarer Betrag erst ab einem Nettolohn i. H. v. 1.340 € ›losgeht‹, handelt es sich bei dem Betrag von 1.340,00 € um den derzeitigen unpfändbaren Grundbetrag (Stand 1. 7. 2022). Dieser Betrag erhöht sich, wenn *gesetzliche Unterhaltspflichten* (keine »Stiefkinder«) zu erfüllen sind, um monatlich 500,62 € für die erste und um jeweils weitere 278,90 € für die zweite bis fünfte Person.

Das P-Konto (Pfändungsschutzkonto) schützt seit Ende 2011 die Existenz des*der von einer Kontopfändung betroffenen Schuldner*in bei einer Kontopfändung (▶ Abb. 1). Eine Kontopfändung führt, wenn es sich bei dem gepfändeten Konto nicht um ein P-Konto, sondern um ein ›normales‹ Giro- bzw. Guthabenkonto handelt, dazu, dass der*die

Betroffene keine Überweisungen oder Abhebungen mehr tätigen kann. Da dies die Existenz des*der Schuldner*in gefährdet, kann diese*r nach einer erfolgten Kontopfändung das Konto innerhalb von vier Wochen in ein P-Konto umwandeln. Selbstverständlich kann auch bereits vor einer Kontopfändung ein P-Konto eingerichtet werden. Das P-Konto bewirkt, dass dem*der Schuldner*in ein »automatischer Sockelschutz« zusteht, d. h., dieser darf von dem*der Gläubiger*in nicht angetastet werden und muss von der Bank an den*die Schuldner*in ausgezahlt werden. Bei dem automatischen Sockelschutz handelt es sich um den sog. »unpfändbaren Grundbetrag« i. H. v. derzeit 1.340,00 € (s. o.). Hat der*die Schuldner*in gesetzliche Unterhaltspflichten zu erfüllen, kann er*sie darüber hinaus den erhöhten Sockelschutz i. H. v. 500,62 € für die erste und weitere 278,90 € für die zweite bis fünfte Person erhalten. Dieser erhöhte Sockelschutz muss jedoch von einer amtlichen Stelle durch eine sog. »P-Konto-Bescheinigung« nachgewiesen werden. P-Konto-Bescheinigungen stellen z. B. Schuldner*innenberatungsstellen, Familienkassen oder Sozialleistungsträger aus.

Praxisbeispiel

Im obigen Beispielsfall käme nach dieser P-Konto-Regelung bei Single Arthur mit einem Nettoeinkommen i. H. v. 1.900 € im Falle einer Kontopfändung lediglich der unpfändbare Grundbetrag i. H. v. 1.340,00 € zur Auszahlung. Der Rest (560,01 €) würde an den*die Gläubiger*in gehen. Ein Vergleich zur Lohnpfändung (s. o.) zeigt: Hier würden Arthur lediglich 398,89 € abgezogen. Um diesen Nachteil auszugleichen, muss Arthur tätig werden und einen Antrag auf »individuelle Freigabe« an das Vollstreckungsgericht gemäß § 906 ZPO n. F. stellen. Dieses wird ihm dann auch den Differenzbetrag zur Lohnpfändung (zusätzlich 161,12 €) freigeben, damit er finanziell bei der Kontopfändung genauso gestellt ist wie bei der Lohnpfändung.

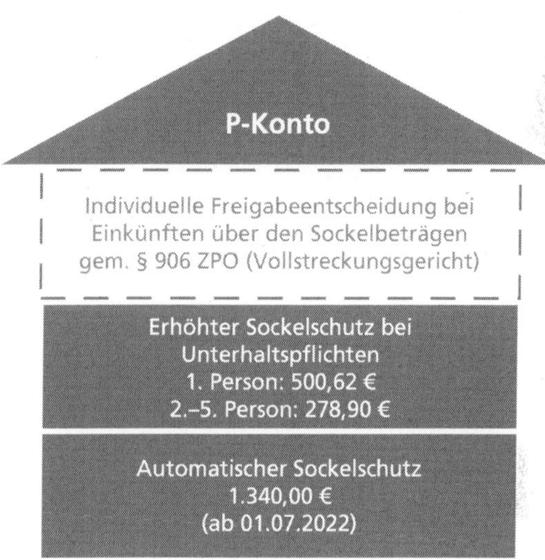

Abb. 1: Schutzmechanismen beim P-Konto

Praxishinweis

Möglich ist auch, dass der*die Gläubiger*in doppelt ›zugreift‹ oder zwei verschiedene Gläubiger*innen pfänden: direkt bei der auszahlenden Stelle, der sog. »Quelle« (z. B. beim Arbeitgeber im Rahmen der Lohnpfändung), und auch bei der Stelle, die den Lohn empfängt (Kontopfändung). Der*die Schuldner*in kann sich hiergegen zur Wehr setzen, indem er*sie einen Antrag auf »befristete Unpfändbarkeit« des Kontos (für maximal zwölf Monate) gemäß § 907 ZPO stellt. Er*sie muss nachweisen, dass er*sie in den letzten sechs Monaten nur (überwiegend) unpfändbares Einkommen erhalten hat und dies in der Zukunft auch so sein wird. Hierdurch wird verhindert, dass der*die Schuldner*in jeden Monat einen Schutzantrag stellen muss; er*sie hat dann erst einmal ›Ruhe‹.

Sonderregelungen für privilegierte Unterhaltsgläubiger*innen

Die privilegierten Unterhaltsgläubiger*innen können bei der Lohnpfändung auf den Vorrechtsbereich zugreifen (▶ Abb. 2). Dieser Einkommensanteil ist für andere Gläubiger*innen nicht zugänglich. Rechtsgrund dieser Bevorzugung ist § 850d ZPO. Demnach ist in den zu privilegierenden Fällen (s. o.) dem*der Schuldner*in nur der sog. »notwendige Unterhalt« zu belassen. Dieser »notwendige Unterhalt« ist weniger als der Betrag, der ihm nach der Pfändungstabelle (s. o.) verbleiben würde, und ist auch nicht mit den Beträgen der Düsseldorfer Tabelle (▶ 2.1.3: »Düsseldorfer Tabelle und Mindestunterhalt«) zu verwechseln. Er entspricht dem sozialhilferechtlichen Existenzminimum des 3. und 11. Kapitels des SGB XII.

Praxisbeispiel

Horst arbeitet als Lagerist und verdient 1.900 € netto. Horst hat Schulden bei einem Versandhändler i. H. v. 3.000 €. Dieser pfändet daher seinen Lohn beim Arbeitgeber. Horst hat seinem Sohn Torben (11) zudem seit sechs Monaten keinen Unterhalt bezahlt. Die Kindesmutter Anna pfändet nun ebenfalls seinen Lohn beim Arbeitgeber und hat eine Pfändung gemäß § 850d ZPO beim Vollstreckungsgericht beantragt. Das Vollstreckungsgericht hat den »notwendigen Unterhalt« von Horst auf 1.000 € festgesetzt.

Der Versandhändler erhält den pfändbaren Anteil nach der Pfändungstabelle unter Berücksichtigung einer unterhaltsberechtigten Person und somit 34,61 €. Demnach verblieben Horst 1.865,39 €. Das Vollstreckungsgericht hat den »notwendigen Unterhalt« auf 1.000 € festgelegt. Es handelt sich um eine pauschale Festlegung des Gerichts, das sich an den sozialhilferechtlichen Regelsätzen samt angemessenen Leistungen für Unterkunft und Heizung orientiert. Zudem kann das Gericht einen sog. »Besserstellungszuschlag« i. H. v. 30 bis 50 % berücksichtigen, der Arbeitsanreize setzen und auch berufsbedingte Mehraufwendungen pauschal ausgleichen soll. Der Betrag i. H. v. 865,39 € steht dem pfändenden Torben daher zum Ausgleich des Unterhaltsrückstands und ggf. zur Bedienung des laufenden Unterhalts zur Verfügung.

Praxishinweis

Wenn das Kind zeitlich vor weiteren Gläubiger*innen den Lohn gepfändet hätte, stünde ihm zusätzlich zu dem »bevorrechtigten« Lohnanteil gemäß § 850d ZPO auch noch der pfändbare Teil nach der Pfändungstabelle (34,61 €) zu. Bei der Zwangsvollstreckung gilt das ›Windhundprinzip‹.

Pfändung gem. § 850c und 850d ZPO

Einkommen 1.900 € 1 unterhaltsberechtigte Person	34,61 €	Pfändung gem. § 850c ZPO = Pfändungstabelle
	865,39 €	Pfändung gem. § 850d ZPO Für privilegierte Unterhaltsgläubiger*innen = Vorrechtsbereich
	1.000 €	Notwendiger Unterhalt des*der Schuldner*in = vom Vollstreckungsgericht festgelegt

Abb. 2: Lohnpfändung und bevorrechtigte Lohnpfändung

Exkurs: (Unterhalts-)Pfändung bei Strafgefangenen (▶ Abb. 3)

In den meisten Bundesländern (Ausnahmen stellen die Bundesländer Brandenburg und Rheinland-Pfalz dar) sind Strafgefangene im Strafvollzug *arbeitspflichtig* und erzielen hierdurch ein Arbeitsentgelt. Aus diesem Arbeitsentgelt werden Hausgeld, Überbrückungsgeld und Eigengeld gebildet. Der*die Strafgefangene darf drei Siebtel des Arbeitsentgelts als sog. Hausgeld zur freien Verfügung verwenden. Dieser Betrag ist absolut unpfändbar, auch für Unterhaltsgläubiger*innen. Aus den weiteren vier Siebteln der Bezüge wird zunächst das sog. Überbrückungsgeld gebildet, das den notwendigen Unterhalt des*der Gefangenen und seiner*ihrer Unterhaltsberechtigten für die ersten vier Wochen nach der Haftentlassung sichern soll. Es ist unpfändbar, wird erst bei der Entlassung ausbezahlt und steht damit während der Haft nicht zur Verfügung. Der nicht für den Aufbau des Überbrückungsgeldes benötigte Teil der vier Siebtel des Arbeitsentgelts heißt Eigengeld. Dieses wird einem Eigengeldkonto gutgeschrieben. Der Anspruch des*der Strafgefangenen auf Auszahlung des gutgeschriebenen Eigengeldes ist, sobald das Überbrückungsgeld vollständig gebildet ist, in *vollem Umfang pfändbar.* Die Pfändungsfreigrenzen des § 850c ZPO sind nicht anwendbar. Für Unterhaltszwecke steht i. d. R. nur das Eigengeld zur Verfügung (eingehend: BGH NZI 2015, 1026).

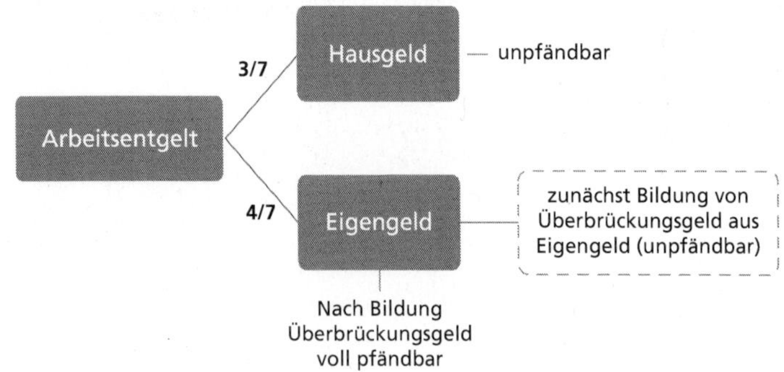

Abb. 3: (Unterhalts-)Pfändung bei dem*der Strafgefangenen

4.2 Überschuldete Unterhaltsverpflichtete

Über drei Millionen Haushalte und über sechs Millionen Menschen in Deutschland sind überschuldet, davon sind viele Unterhaltsverhältnisse betroffen. Schulden führen aus Sicht der Unterhaltsberechtigten dazu, dass sie im Fall der Nichtzahlung mit anderen Gläubiger*innen um das pfändbare Einkommen und ggf. Vermögen des*der Verpflichteten konkurrieren müssen. Im Rahmen der Zwangsvollstreckung sind bestimmte Unterhaltsgläubiger*innen jedoch privilegiert, d. h., sie können auf einen Teil des Einkommens des*der Verpflichteten zugreifen, das für andere Gläubiger*innen tabu ist (▶ Kap. 4.1). Unterhaltsschulden können entstehen, wenn sich die Verhältnisse, die bei erstmaliger Festsetzung des Unterhalts vorlagen, *wesentlich verändert* haben und nicht angepasst wurden (▶ Kap. 3.2).

Praxisbeispiel

Volker ist seinem 10-jährigen Sohn Jan zum Unterhalt verpflichtet. Zur Zeit der Unterhaltsfestsetzung hat er im Schichtdienst gearbeitet und 2.800 € netto verdient. Laut Titel soll er nach der 4. Einkommensgruppe der Düsseldorfer Tabelle Unterhalt bezahlen. Nun arbeitet er nicht mehr im Schichtdienst und verdient nur noch 2.300 € netto. Zudem hat er mit einer anderen Frau zwei weitere Kinder bekommen. Volker hat mit 2.300 € zwar grundsätzlich nach der 3. Einkommensgruppe Unterhalt zu bezahlen. Die Tabelle geht aber standardmäßig von zwei Unterhaltsverpflichtungen aus. Da Volker drei Unterhaltspflichten hat, muss eine Herabstufung um eine Einkommensgruppe erfolgen. Der angemessene Unterhalt wäre nun der 2. Einkommensgruppe zu entnehmen. Unternimmt Volker keine Abänderung des Titels, ist er nach wie vor zur Zahlung des höheren Unterhalts verpflichtet. Kommt er der Zahlung nicht nach, entstehen Unterhaltsschulden.

Unterhaltsschulden können auch entstehen, wenn Unterhaltsverpflichtete ihrer Erwerbsobliegenheit nicht hinreichend nachkommen und fiktives Einkommen zugerechnet wird (▶ Kap. 1.2: »Verschärfte Unterhaltspflicht, gesteigerte Erwerbsobliegenheit, Zurechnung fiktiver Einkünfte«).

Praxisbeispiel

Katja (13) verlangt von ihrem nichtehelichen Vater Dennis Mindestkindesunterhalt. Dennis ist 33 Jahre alt. Nach dem Hauptschulabschluss hatte er eine Lehre als Landschaftsgärtner begonnen, diese aber nicht zu Ende geführt. Danach jobbte er an verschiedenen Arbeitsstellen, darunter häufiger für Leiharbeitsfirmen. In einer Autowäscherei arbeitete er einige Monate und verdiente dort ca. 1318 € netto. Die Arbeitsstelle verlor er – nach eigenem Vorbringen – schuldlos aufgrund einer Kündigung. Nun ist Dennis arbeitslos und bekommt Leistungen nach dem SGB II. Er wehrt sich gegen die Unterhaltsfestsetzung, da er nicht leistungsfähig sei. Einer gerichtlichen Aufforderung, seine Ausbildungs- und Erwerbsbiografie sowie seine Bewerbungsbemühungen der letzten Zeit detailliert darzulegen, ist er nur lückenhaft nachgekommen.

Das Gericht wird sich hier an der ständigen obergerichtlichen Rechtsprechung orientieren. Die gesteigerte Unterhaltspflicht gegenüber minderjährigen Kindern ergibt sich aus § 1603 BGB. Arbeitet der*die Unterhaltsverpflichtete nicht, obwohl er*sie dies könnte und es ihm*ihr zumutbar wäre, so können ihm*ihr fiktive Einkommen zugerechnet werden. Deren Höhe orientiert sich an der realen Beschäftigungschance des*der Pflichtigen. Diese wiederum ergibt sich auch aus dem tatsächlich erzielten Einkommen in der Vergangenheit. Für die gegenteiligen Behauptungen ist der*die Verpflichtete darlegungs- und beweisbelastet. Das bedeutet, dass Dennis ein Mindestlohn im Umfang einer 40-Stunden-Stelle zugerechnet werden kann und sich der Unterhaltsbetrag daran orientieren. Kann Dennis diesen nicht bezahlen, können Unterhaltsschulden entstehen.

Überschuldung, Verschuldung, Zahlungsunfähigkeit

Eine Verschuldung tritt ein, wenn Menschen Zahlungsverpflichtungen eingehen, die erst zu einem späteren Zeitpunkt vollständig zu begleichen sind wie einen Kredit aufnehmen (z. B. zur Finanzierung einer Immobilie oder eines PKW). Es handelt sich somit um einen ›normalen‹ gesellschaftlichen Vorgang. Eine Überschuldung tritt ein, wenn die fälligen Zahlungsverpflichtungen nicht mehr pünktlich beglichen werden können, § 17 InsO. Diese »Zahlungsunfähigkeit« ist bei natürlichen Personen der Grund für die Eröffnung eines Verbraucherinsolvenzverfahrens, verbunden mit einem Antrag auf Restschuldbefreiung (vgl. Ansen 2018, 11 f.).

Exkurs: Verbraucherinsolvenz und Restschuldbefreiung

Das Verbraucherinsolvenzrecht und die Möglichkeit der Restschuldbefreiung für zahlungsunfähige Menschen ist im Jahr 1999 eingeführt worden. Seitdem haben die Regelungen zahlreiche Änderungen erfahren, die jüngste Novelle ist seit 1.10.2020 in Kraft. Hiernach können Überschuldete innerhalb von drei Jahren ab Verfahrenseröffnung die Befreiung von ihren Verbindlichkeiten erhalten. Das Verfahren gliedert sich in den außergerichtlichen Einigungsversuch, das eigentliche Verbraucherinsolvenzverfahren (optional vorgeschaltet ist ggf. der gerichtliche Schuldenbereinigungsplan) und die Wohlverhaltensphase.

Im *außergerichtlichen Einigungsversuch* muss der*die Schuldner*in i.d.R. mit Hilfe einer Schuldner*innenberatungsstelle oder eines*einer Rechtsanwält*in den Gläubiger*innen ein Angebot zur Schuldenregulierung unterbreiten. Üblicherweise wird hierbei das pfändbare Einkommen des*der Schuldner*in angeboten, d.h., der*die Schuldner*in zahlt nicht mehr die kompletten Schulden zurück, sondern teilt sein*ihr pfändbares Einkommen auf seine*ihre Gläubiger*innen auf; nach Ende der Laufzeit verzichten die Gläubiger*innen auf die restlichen Forderungen. Im Hinblick auf die Laufzeit wird die Dauer eines möglichen Verbraucherinsolvenz- und Restschuldbefreiungsverfahrens (drei Jahre) herangezogen. In dem meisten Fällen lehnen Gläubiger*innen dieses Angebot ab: zum einen, weil das während der Laufzeit jeweils pfändbare Einkommen angeboten wird und die Einigung mit Forderungsverzicht auch dann Bestand hat, wenn der*die Schuldner*in während der Laufzeit z.B. arbeitslos würde und kein pfändbares Einkommen erwirtschaften würde (»flexibler Plan«). Zum anderen ergibt sich unter Berücksichtigung von Unterhaltsverpflichtungen bei sehr vielen Schuldner*innen kein pfändbares Einkommen (»Nullplan«). Haben die Gläubiger*innen das Angebot abgelehnt, kann ein Verbraucherinsolvenzverfahren beantragt werden. Im Antrag muss das Scheitern des außergerichtlichen Einigungsversuchs von der Schuldner*innenberatungsstelle (oder dem*der Rechtsanwält*in) bescheinigt werden.

Im *Verbraucherinsolvenzverfahren* werden die Gläubiger*innen aufgefordert, ihre Forderungen anzumelden. Der*die vom Gericht bestellte Insolvenzverwalter*in prüft diese und trägt sie in die Insolvenztabelle ein. Vermögen des*der Schuldner*in wird verwertet und wird, ebenso wie das pfändbare Einkommen, den Gläubiger*innen nach Abzug der Verfahrenskosten als Insolvenzmasse zur Verfügung gestellt.

Nachdem die Forderungen geprüft und das Vermögen verwertet wurde, schließt sich die *Wohlverhaltensphase* an. Da der*die Schuldner*in sein*ihr pfändbares Einkommen an den*die Treuhänder*in (der*die Insolvenzverwalter*in wird in der Wohlverhaltensphase zum*zur Treuhänder*in) abgetreten hat, fließt dieses vom Arbeitgeber direkt in die Insolvenzmasse. Nach drei Jahren kann der*die Schuldner*in die endgültige Befreiung der Forderungen (Restschuldbefreiung) erhalten. Voraussetzung ist, dass es sich um eine*n redliche*n Schuldner*in handelt. Als redliche*r Schuldner*in gilt nach dem Gesetz insbesondere derjenige*diejenige, der*die

- seinen*ihren Auskunfts- und Mitwirkungspflichten nachkommt, d. h. vollständige Angaben macht über Gläubiger*innen und sein*ihr Vermögen einschließlich der laufenden Einkünfte und ggf. von Vermögen, das ihm*ihr von Todes wegen zugeflossen ist, z. B. eine Erbschaft,
- eine angemessene Erwerbstätigkeit ausübt oder sich um eine solche bemüht,
- jeden Wechsel des Wohnsitzes oder der Beschäftigungsstelle mitteilt.

Bei überschuldeten Unterhaltspflichtigen stellen sich in der insolvenzrechtlichen Praxis *drei Kernfragen* (vgl. Janlewing 2018).

Nimmt ein unterhaltsrechtlicher Rückstand ebenfalls an der Restschuldbefreiung teil?

Grundsätzlich kann der*die Schuldner*in auch von dem bis zur Insolvenzeröffnung entstandenen unterhaltsrechtlichen Rückstand befreit werden. In den Fällen, in denen der*die Schuldner*in den Unterhaltsrückstand jedoch vorwerfbar hat ›auflaufen‹ lassen, kann dieser als »ausgenommene Forderung« (§ 302 InsO) bestehen bleiben. Der*die Schuldner*in würde dann von allen Forderungen befreit, mit Ausnahme der ausgenommenen Forderung. Bis zur Insolvenzeröffnung entstandener Unterhaltsrückstand kann nach Insolvenzeröffnung auch nicht mehr vollstreckt werden, § 89 Abs. 1 InsO.

In zwei Fällen kann der rückständige Unterhalt zu einer »ausgenommenen Forderung« werden: Zu einen wenn sich der*die Schuldner*in seiner*ihrer Unterhaltspflicht in strafrechtlich relevanter Weise entzogen hat, § 302 Nr. 1 1. Alt (▶ Kap. 4.3).

Praxisbeispiel

Fred ist vom Strafgericht wegen »Verletzung der Unterhaltspflicht« verurteilt worden.

Zum anderen wenn der*die Schuldner*in den Unterhalt vorsätzlich pflichtwidrig nicht bezahlt hat, § 302 Nr. 1 2. Alt.

Praxisbeispiel

Max hat seiner Tochter Vivian seit Jahren den Unterhalt nicht bezahlt, um andere Schulden begleichen zu können.

Praxishinweis

In beiden Fällen kommt es auf die unterhaltsberechtigte Person an, ob sie die Forderung zu einer »ausgenommenen« Forderung machen kann. Wenn der*die Unterhaltsberechtigte die Forderung nicht als »deliktisch« im Insolvenzverfahren anmeldet, nimmt er*sie wie alle anderen Forderungen auch an der Restschuldbefreiung teil. Der*die Schuldner*in kann sich gegen die »deliktische« Anmeldung wehren, in Streitfällen entscheidet das Familiengericht.

In welcher Höhe muss der Unterhalt während des Insolvenz- und Restschuldbefreiungsverfahrensgezahlt werden?

Der unterhaltsrechtliche Titel bleibt grundsätzlich auch *nach* Insolvenzeröffnung bestehen. Unterhalt ist eine »wiederkehrende Leistung«, die jeden Monat neu zu bezahlen ist. Zahlt der*die Unterhaltsverpflichtete die nach Insolvenzeröffnung fälligen Unterhaltsraten nicht, so können neue Schulden (»Neuverbindlichkeiten«) entstehen, die der*die Unterhaltsberechtigte auch nach Insolvenzeröffnung vollstrecken kann (§ 89 Abs. 2 Satz 2 InsO), jedoch nur in den »Vorrechtsbereich« gemäß § 850d ZPO (▶ Kap. 4.1). Von diesen wird der*die Schuldner*in nicht befreit, da sie nicht vor, sondern nach Insolvenzeröffnung entstanden sind.

Praxishinweis

Der*die Unterhaltsverpflichtete muss vor Insolvenzeröffnung ggf. eine Anpassung der Unterhaltsraten (▶ Kap. 3.2) erwirken, da anderenfalls neue Schulden entstehen. Zahlt der*die Schuldner*in den laufenden Unterhalt während des Insolvenz- und Restschuldbefreiungsverfahrens nicht, können die Unterhaltsgläubiger*innen nur auf den »Vorrechtsbereich« zugreifen. Das nach der Pfändungstabelle pfändbare Einkommen (▶ Kap. 4.1) steht allein den Insolvenzgläubiger*innen zu.

Kann der*die überschuldete Unterhaltsschuldner*in zu Insolvenz und Restschuldbefreiung ›gezwungen‹ werden?

Wird der*die überschuldete Unterhaltsverpflichtete von seinen Verbindlichkeiten befreit, so hat dies einen positiven Effekt für die Berechtigten: Die Berechtigten müssen nicht mehr um das pfändbare Einkommen des*der Verpflichteten konkurrieren und der*die Verpflichtete kann seine*ihre Leistungsfähigkeit wiederherstellen. Trotzdem kann der*die Unterhaltsschuldner*in grundsätzlich nicht zur Restschuldbefreiung gezwungen werden. Der Bundesgerichtshof hat jedoch eine »Obliegenheit zur Eröffnung einer Verbraucherinsolvenz« geschaffen (BGH NZI 2005, 342). Hierdurch sollen die Unterhaltsberechtigten geschützt werden:

Der*die Verpflichtete kann sich von den übrigen Verbindlichkeiten befreien und hat hierdurch mehr finanzielle Ressourcen, den Unterhalt zu bedienen (► Abb. 4). Macht der*die Schuldner*in dies nicht, so ist er*sie ›fiktiv‹ so zu behandeln, als wäre das Verfahren eröffnet. Das bedeutet, dass die Leistungsfähigkeit nach dem gemäß der Pfändungstabelle pfändbare Einkommen bestimmt wird. Wenn die Schuldner*innen darüber hinaus weitere Verbindlichkeiten bezahlen, mindert dies nicht ihre Leistungsfähigkeit im Hinblick auf die Berechtigten.

Praxisbeispiel

Theo ist nach der Trennung von Anna seinen Kindern Mia (10) und Florian (8) zum Unterhalt verpflichtet. Anna und Theo haben ein gemeinsames Haus, das finanziert ist. Nach der Trennung haben sich Theo und Anna darauf verständigt, dass Theo die Raten für die Hausfinanzierung weiter bedient und den Mindestunterhalt für die beiden bei Anna lebenden Kinder bezahlt. Nun hat Theo jedoch geringere Einkünfte und möchte daher nur noch die Hausraten und nur noch in ganz geringem Umfang den Unterhalt zahlen. Kann Theo nicht mehr beides bezahlen (Mindestunterhalt und Kreditverbindlichkeiten), geht der Unterhalt vor: Theo kann sich durch ein Verbraucherinsolvenz- und Restschuldbefreiungsverfahren von seinen übrigen Verbindlichkeiten befreien lassen. Da die Gläubiger*innen dann nur noch auf sein »pfändbares Einkommen« zugreifen können, kommt ab Insolvenzeröffnung die Zahlung auf diese Verbindlichkeiten nicht mehr in Betracht. Theo hat im Hinblick auf seine Unterhaltsberechtigten ein Einkommen, das nur um den pfändbaren Betrag der Pfändungstabelle zu bereinigen ist.

Insolvenzeröffnung

	Insolvenzgläubiger ,teilen' sich pfändbares Einkommen gem. § 850c ZPO
Unterhaltsrückstand bis Insolvenzeröffnung = Insolvenzforderung, nimmt an Restschuldbefreiung teil, wenn nicht deliktisch	Unterhaltsgläubiger*innen können mit laufenden Ansprüchen auf Vorrechtsbereich gem. § 850d ZPO zugreifen

Abb. 4: Unterhaltsansprüche im Verbraucherinsolvenzverfahren

4.3 Strafrechtlich relevanter Entzug der Unterhaltspflicht

Die Nichtzahlung des Unterhalts kann strafrechtliche Relevanz haben. Gemäß § 170 Abs. 1 StGB wird mit Freiheitsstrafe bis zu drei Jahren oder mit Geldstrafe bestraft, wer sich seiner*ihrer gesetzlichen Unterhaltspflicht entzieht, so dass der Lebensbedarf des*der Unterhaltsberechtigten gefährdet ist oder ohne die Hilfe anderer gefährdet wäre.

Praxisbeispiel

Jens ist seinen zwei minderjährigen Kindern zum Unterhalt verpflichtet. Bei Titelerrichtung war er als Fleischer in einer Fleischfabrik tätig und hat 2.200 € netto verdient, so dass er den Unterhalt regelmäßig bezahlen konnte. Jens kann diesen Beruf jedoch aus Gewissensgründen nicht mehr ausüben. Er hat daher gekündigt und verdient als Aushilfe in einem veganen Restaurant nur noch unterhalb des Selbstbehalts.

Jens ist seinen Kindern zum Unterhalt verpflichtet, es stellt sich jedoch die Frage, ob er sich dieser Verpflichtung entzogen hat. Das reine Nichtzahlen des Unterhalts ist hierbei nicht ausreichend, er muss den Unterhalt in vorwerfbarer Weise schuldig bleiben. Bei der Unterhaltsverpflichtung im Hinblick auf minderjährige Kinder kommt es hierbei auch auf die fiktive Leistungsfähigkeit (▶ Kap. 1.2: »Verschärfte Unterhaltspflicht, gesteigerte Erwerbsobliegenheit, Zurechnung fiktiver Einkünfte«) an. Setzt der*die Verpflichtete seine*ihre Leistungsfähigkeit durch Kündigung des Arbeitsverhältnisses ›aufs Spiel‹ oder unterlässt er*sie es, seine*ihre Leistungsfähigkeit voll auszunutzen, so kann hierin ein strafrechtlich relevanter Unterhaltspflichtentzug liegen (vgl. OLG Köln, NStZ 1992, 337).

Praxishinweis

Beruht der Unterhaltstitel auf der Zurechnung fiktiver Einkünfte, kann das Nichtzahlen des Unterhalts auch einen Unterhaltspflichtentzug gemäß § 170 StGB darstellen. Es kann sich bei dem sich ergebenden Rückstand in einem Insolvenzverfahren des Verpflichteten zudem um eine »ausgenommene« Forderung handeln.

Auf den Punkt gebracht

Bei der Durchsetzung unterhaltsrechtlicher Titel stellen sich die Fragen: Wegen was wird vollstreckt? Worein wird vollstreckt? Bei der Vollstreckung in bewegliches Vermögen wird zwischen der Vollstreckung in körperliche Gegenstände (Gerichtsvollzieherpfändung) und der Vollstreckung in Forderungen (Forderungspfändung) unterschieden. Praxisrelevante Forderungspfändungen sind die Lohnpfändung und die Kontopfändung. Gegenstände, die zu einer bescheidenen Lebensführung notwendig sind, dürfen nicht gepfändet werden. Auch bei der Forderungspfändung gibt es Grenzen, die jedoch für bestimmte Unterhaltsgläubiger*innen teilweise überschritten werden dürfen (bevorrechtigte Pfändung). Auch Unterhaltsschulden können grundsätzlich an einem Verbraucherinsolvenzverfahren teilnehmen und der Restschuldbefreiung unterliegen. Ausgenommen hiervon ist Unterhalts-

rückstand, den der*die Schuldner*in in strafrechtlich relevanter Weise (§ 170 StGB) oder vorsätzlich pflichtwidrig nicht gewährt hat. Da auch nach Insolvenzeröffnung unterhaltsrechtliche Titel Bestand haben, sollte der*die Schuldner*in bereits vor Insolvenzeröffnung ggf. eine Anpassung seines*ihres zu zahlenden Betrags erwirken, da anderenfalls neue Verbindlichkeiten entstehen können.

Reflexionsfragen

- Welche Unterhaltsgläubiger*innen werden bei der Zwangsvollstreckung bevorzugt?
- Inwiefern gelten für diese Gläubiger*innen Sonderregelungen?
- Können Unterhaltsschuldner*innen im Rahmen eines Verbraucherinsolvenz- und Restschuldbefreiungsverfahrens auch von Unterhaltsschulden befreit werden?
- Was ist bei der Beratung eines Unterhaltsverpflichteten vor Insolvenzeröffnung zu beachten?

Weiterführende Literatur

Ansen, Harald (2018): Soziale Schuldnerberatung. Stuttgart: Kohlhammer.
Janlewing, Gabriele (2018): Insolvenzrecht für die familienrechtliche Praxis (2., neu bearbeitete Auflage). Bielefeld: Gieseking.

5 Unterhalt und Sozialleistungsbezug

☞ **Überblick**

Auf den ersten Blick scheint die Kombination zwischen Unterhalt und Sozialleistungsbezug nicht auf der Hand zu liegen. Unterhalt ist ein zivilrechtlicher Anspruch, der aufgrund familiärer Verbundenheit entsteht, Sozialleistungen werden im Falle der Bedürftigkeit zur Existenzsicherung vom öffentlichen Sozialleistungsträger gewährt. Der Zusammenhang wird jedoch deutlich durch einen Verweis auf den »Nachrang der Sozialhilfe«: Demjenigen*derjenigen, der*die sich selbst helfen kann oder von dritter Seite Hilfe tatsächlich erhält bzw. erhalten kann, stehen keine Leistungen der Sozialhilfe zur Verfügung (vgl. § 9 Abs. 1 SGB II und § 2 Abs. 1 SGB XII). In diesem Kapitel geht es um die Frage, unter welchen Voraussetzungen Sozialleistungen nachrangig sind, d. h. inwiefern auf die Unterhaltsverpflichteten zurückgegriffen wird, wenn Sozialleistungen in Anspruch genommen wurden.

Exkurs: Subsidiaritätsprinzip bzw. Nachranggrundsatz

Das Subsidiaritätsprinzip, auch Nachranggrundsatz genannt, ist eine Grundsatzbestimmung, die das gesamte Sozialhilferecht kennzeichnet. Er besagt allgemein, dass die größere Gemeinschaft oder Einheit die Aufgabe der kleineren Gemeinschaft oder Einheit nicht beeinträchtigen, an sich ziehen oder bevormunden soll. Konkret bedeutet dies einerseits, dass Bedürftige nur dann von steuerfinanzierten Sozialleistungen profitieren dürfen, wenn sie nicht für sich selbst sorgen können und nicht auf Angehörige zurückgreifen können, die ihnen durch Unterhaltszahlungen zur Sicherung der Existenz verpflichtet sind. Auch bei Sozialleistungen gibt es ein Vorrang- und ein Nachrangverhältnis: So wird z. B. ein Anspruch auf Unterhaltsvorschuss (▶ Kap. 5.2) auf eine Leistung nach dem SGB II angerechnet, d. h., Unterhaltsvorschuss muss vorrangig beantragt werden.

Das Subsidiaritätsprinzip hat darüber hinaus auch eine institutionelle Bedeutung, die in der Sozialen Arbeit Praxisrelevanz hat. Es kennzeichnet das Verhältnis zwischen öffentlichen (staatlichen) Sozialleistungsträgern und den freien Trägern der Wohlfahrtspflege. Auch hier soll der kleineren Einheit (freie Träger) nach Möglichkeit der Vorrang eingeräumt werden.

5.1 Unterhalt und SGB II und XII

Praxisbeispiel

Mascha und ihr Mann Klaus haben sich getrennt. Klaus ist aus der gemeinsamen Wohnung ausgezogen. Klaus, der an sich leistungsfähig ist, hat Mascha gesagt, dass er nicht bereit sei, Unterhalt zu bezahlen, sie solle selbst arbeiten gehen. Mascha, die erwerbsfähig ist, hat derzeit kein Einkommen.

Mascha ist in dieser Situation auf die Unterstützung des Jobcenters nach dem SGB II angewiesen. Das Jobcenter wird jedoch an Klaus mit einer Rechtswahrungsanzeige und einem Auskunftsverlangen über sein Einkommen und Vermögen herantreten, da Mascha grundsätzlich einen Anspruch auf Trennungsunterhalt (▶ Kap. 1.1.2) gegen Klaus hat. Hintergrund ist § 33 Abs. 1 Satz 1 SGB II, der den »Übergang von Ansprüchen« im SGB II regelt: Wenn das Jobcenter nur deshalb Mascha unterstützen musste, weil Klaus seiner Unterhaltspflicht nicht nachgekommen ist, geht

Maschas Anspruch gegen Klaus auf das Jobcenter über, und zwar in der Höhe, in der das Jobcenter ›eingesprungen‹ ist. Das Jobcenter treibt diesen Anspruch dann bei Klaus ein. Im Kontext des SGB XII ergibt sich der Anspruchsübergang aus § 94 Abs. 1 Satz 1 SGB XII.

Rechtswahrungsanzeige

Die Rechtswahrungsanzeige ist ein Schreiben, mit dem der Sozialleistungsträger an die Unterhaltspflichtigen herantritt. Es informiert sie darüber, dass die unterhaltsberechtigte Person Sozialleistungen erhält. Der Sozialleistungsträger kann die Unterhaltspflichtigen ab Zugang der Rechtswahrungsanzeige aus »übergegangenem Recht« in Anspruch nehmen und somit eine Erstattung verlangen. I. d. R. werden die Unterhaltpflichtige gleichzeitig zur Auskunft über ihr Einkommen und Vermögen aufgefordert, um zu überprüfen, ob und in welcher Höhe der Anspruch tatsächlich übergeht (Johannsen et al. 2020, § 1613 BGB Rn. 5).

Das Jobcenter (das im Kontext des SGB II die Aufgaben wahrnimmt) und der Träger der Leistung nach dem SGB XII kann hierbei nur auf das tatsächlich vorhandene Einkommen zurückgreifen. Die Berücksichtigung fiktiver Einkünfte kommt, anders als im Unterhaltsrecht, nicht in Betracht (BGH NJW 1998, 2219 und FamRZ 2013, 1962). Gemäß § 33 Abs. 2 Satz 3 SGB II, § 94 Abs. 3 Nr. 1 SGB XII ist außerdem zu beachten, dass der*die Unterhaltspflichtige durch die Heranziehung nicht selbst hilfebedürftig werden darf.

Praxisbeispiel

Finja (2) lebt bei ihrem Vater Timo, der nur ein geringes Einkommen hat. Finjas Mutter Tina ist arbeitslos und erhält Leistungen nach dem SGB II. Da Tina ihrer Tochter keinen Unterhalt bezahlt, gewährt das Jobcenter seit zwei Jahren für Finja Leistungen nach dem SGB II. Das Jobcenter kann von Tina die an Finja bezahlten Leistungen nicht erstattet bekommen, auch wenn Tina ihrer Erwerbsobliegenheit nicht nachkommt und nach den unterhaltsrechtlichen Vorgaben fiktives Einkommen zugerechnet werden müsste.

Dies folgt aus der Tatsache, dass Tina kein Erwerbseinkommen zur Verfügung steht. Nur darauf kommt es hier sozialrechtlich an. Gleichwohl kann Timo einen Unterhaltstitel gegen Tina aus einem fiktiven Erwerbseinkommen durchsetzen. Hieraus ergeben sich i.d.R. fruchtlose Pfändungsversuche und Unterhaltsschulden. Dies führt in der Praxis leider zu wenig unbefriedigenden Ergebnissen und zeigt, dass Unterhaltsrecht und Sozialrecht nicht immer harmonisch aufeinander abgestimmt sind.

> ## Exkurs: Sozialleistungen nach dem SGB II und XII
>
> Der Begriff »Sozialleistung« wird in § 11 SGB I definiert. Demnach dienen Sozialleistungen der Verwirklichung sozialer Rechte des*der Einzelnen; sie können Dienst-, Sach- und Geldleistungen sein. Sozialleistungen nach dem SGB II und SGB XII sind steuerfinanzierte Geldleistungen zur Sicherung des Existenzminimums (Grundsicherungsleistungen). Die beiden Gesetzbücher haben einen unterschiedlichen Adressat*innenkreis: Während das SGB II erwerbsfähige Personen unterstützt, hat das SGB XII Rentner*innen bzw. erwerbsunfähige Personen über 18 Jahre im Blick. Neben diesen beiden Grundsicherungssystemen gibt es als dritte Säule der Grundsicherung das Asylbewerberleistungsgesetz, das Asylsuchende, Geduldete sowie Inhaber*innen humanitärer Aufenthaltserlaubnisse mit existenzsichernden Leistungen schützt.

Nachdem der Unterhaltsanspruch auf den Sozialleistungsträger übergegangen ist, kann der*die Unterhaltsberechtigte die Ansprüche nicht mehr einklagen, ihm*ihr fehlt dann die sog. »Aktivlegitimation«. Der Sozialleistungsträger kann neben den übergegangenen Ansprüchen auch künftige Unterhaltsansprüche einklagen, wenn die Leistung voraussichtlich längere Zeit erbracht werden wird, § 33 Abs. 3 Satz 2 SGB II, § 94 Abs. 4 Satz 2 SGB XII. Der Sozialleistungsträger kann dem*der unterhaltsberechtigten Hilfeempfänger*in jedoch im gegenseitigen Einvernehmen ermöglichen, die Ansprüche selbst geltend zu machen, indem er sie zur gerichtlichen Geltendmachung ›zurücküberträgt‹. Der*die unterhaltsberechtigte Hilfeempfänger*in kann dann den gesamten Unterhaltsanspruch einklagen, wenn der Sozialleistungsträger hierfür die Kosten übernimmt, § 33 Abs. 4 SGB II, § 94 Abs. 5 SGB XII (vgl. eingehend: Conradis 2014, 103 ff.).

Praxisbeispiel

Max (26) ist kognitiv beeinträchtigt und dauerhaft erwerbsunfähig. Er möchte trotz seiner Beeinträchtigung ein eigenständiges Leben führen. Sein Vater hat ein Nettoeinkommen i. H. v. 3000 €, seine Mutter i. H. v. 1.500 €. Max hat Grundsicherungsleistungen nach dem SGB XII beantragt. Müssen seine Eltern mit einem Anspruchsübergang rechnen und ihm seinen Lebensunterhalt dauerhaft finanzieren?

Der unterhaltsrechtliche Anspruch eines behinderten Kindes besteht grundsätzlich ein Leben lang, während Eltern ihren gesunden Kindern i. d. R. nur Unterhalt bis zum Abschluss ihrer Ausbildung schulden (▶ Kap. 1.1.2). Allerdings gilt hier die Besonderheit, dass die Grundsicherungsleistung dann nicht subsidiär (nachrangig) ist, wenn das jährliche Gesamteinkommen jedes Elternteils unter 100.000 € liegt (§ 94 Abs. 1a SGB XII). Das bedeutet, dass in diesem Fall gar kein Anspruchsübergang stattfindet. Insofern ist die Situation vergleichbar mit dem Elternunterhalt (▶ Kap. 1.3.1). Die Grundsicherungsleistung ist in diesem Fall bedarfsdeckend, die Eltern sind nicht mehr unterhaltspflichtig. Ist Max in erheblichem Maße bei Teilhabe an der Gesellschaft eingeschränkt und erhält Eingliederungshilfe gemäß § 99 SGB IX oder »Hilfe zur Pflege« nach § 61 ff. SGB XII, ist der Unterhaltsbeitrag der Eltern auf 26 € monatlich begrenzt. Aufgrund der Leistungen nach §§ 27 ff. SGB XII und §§ 41 ff. SGB XII gehen Leistungen nur in Höhe von bis zu 20 € monatlich über (§ 94 Abs. 2 SGB XII).

5.2   Unterhalt und Unterhaltsvorschuss

Wird der Unterhalt vom unterhaltspflichtigen Elternteil nicht gezahlt, kommt eine in der Praxis sehr wichtige Sozialleistung zum Tragen: der Unterhaltsvorschuss. Diese Sozialleistung ist im Unterhaltsvorschussgesetz (UVG) geregelt, das in den letzten Jahren, zuletzt 2022, ›upgedatet‹ wurde. Demnach können Kinder Unterhaltsvorschuss unter folgenden Voraussetzungen erhalten: Kinder bis zum 12. Lebensjahr, wenn sie

- in Deutschland bei einem Elternteil leben,
- der Elternteil ledig, verwitwet oder geschieden ist oder von seinem*ihrem Ehegatten oder Lebenspartner*in dauernd getrennt lebt,
- der*die Barunterhaltspflichtige nicht oder nicht regelmäßig Unterhalt bezahlt oder
- das Kind keine Waisenbezüge i. H. des Mindestunterhalts erhält.

Für Kinder von 12 bis 17 Jahren gelten zusätzlich folgende Voraussetzungen:

- Das Kind ist nicht auf SGB II-Leistungen angewiesen oder
- das Kind wäre mit dem Unterhaltsvorschuss nicht auf SGB II-Leistungen angewiesen oder
- der Elternteil erhält zwar Leistungen nach dem SGB II, verdient aber zusätzlich noch ein eigenes Einkommen von mindestens 600 € brutto monatlich.

Unterhaltsvorschuss wird nicht gezahlt, wenn

- der Elternteil mit einem*einer neuen Partner*in verheiratet oder verpartnert ist und die beiden zusammenleben,
- das Kind oder der Elternteil mit dem anderen Elternteil zusammenlebt,
- der andere Elternteil seine Unterhaltspflichten regelmäßig erfüllt und seine Unterhaltszahlungen die Höhe des Unterhaltsvorschusses erreichen,
- der Elternteil keine Auskünfte über den anderen Elternteil erteilt,

- der Elternteil nicht bei der Feststellung der Vaterschaft oder des Aufenthalts des anderen Elternteils mitwirkt.

Die Höhe des Unterhaltsvorschusses richtet sich nach dem Mindestunterhalt der Düsseldorfer Tabelle (▶ Kap. 2.1.3) unter Abzug des Kindergelds (derzeit 250 € für jedes Kind). Kinder von null bis fünf Jahren erhalten derzeit 187 € Unterhaltsvorschuss, zwischen sechs und elf Jahren 252 € und zwischen zwölf und 17 Jahren 338 €.

Praxishinweis

Die Höhe der Leistung mindert sich, wenn Leistungen des Barunterhaltsverpflichteten fließen oder das Kind eigene Einkünfte hat, § 2 Abs. 3 und 4 UVG. Die Höhe der Leistung ist aber völlig unabhängig davon, wie viel der Elternteil verdient, bei dem das Kind lebt.

Praxisbeispiel

Martin ist seinen beiden Kindern Jan (5) und Ben (12) zum Unterhalt verpflichtet. Jan und Ben leben mit ihrer Mutter Sabine zusammen. Martin hat ein bereinigtes Nettoeinkommen i. H. v. 2.500 €, zahlt jedoch keinen Unterhalt. Sabine ist daher zur Unterhaltsvorschusskasse des Jugendamts gegangen und hat Unterhaltsvorschuss für ihre Kinder beantragt. Sie erhält nun für Jan 187 € und für Ben 338 €.

In dem Beispielsfall wird die Unterhaltsvorschusskasse an Martin mit einer Rechtswahrungsanzeige und einem Auskunftsverlangen (▶ Kap. 5.1) herantreten. Sie wird feststellen, dass Martin leistungsfähig ist. Der gezahlte Unterhaltsvorschuss ist daher von Martin ab Zugang der Rechtswahrungsanzeige an die Unterhaltsvorschusskasse zu erstatten. Da Martin mit einem Nettoeinkommen i. H. v. 2.500 € Unterhalt nach der 3. Einkommensgruppe der Düsseldorfer Tabelle zu zahlen hat, liegt der zivilrechtliche Unterhaltsanspruch höher als Unterhaltsvorschussbetrag. Diesen »Spitzenunterhalt« muss Sabine selbst für ihre Kinder gegen Martin geltend machen.

»Spitzenunterhalt« bzw. »Spitzenbetrag«

Unterhaltsvorschuss wird nur in der Höhe des Mindestunterhalts erbracht. Hat der Unterhaltspflichtige höhere Einkünfte, ist der unterhaltsrechtliche Anspruch höher als der gezahlte Unterhaltsvorschuss. Der Differenzbetrag zwischen Unterhaltsvorschussbetrag und zu zahlendem Unterhaltsbetrag nach der Düsseldorfer Tabelle wird Spitzenunterhalt oder unterhaltsrechtlicher Spitzenbetrag genannt. Da dieser Betrag nicht von der Unterhaltsvorschusskasse ›vorgestreckt‹ wird, kann er auch nicht auf die Unterhaltsvorschusskasse übergehen. Der*die Unterhaltsberechtigte muss diesen daher selbst gegen den*die Pflichtige*n geltend machen. Der*die Unterhaltspflichtige ist in diesem Fall ggf. zwei Prozessen ausgesetzt: einem Verfahren der Unterhaltsvorschusskasse aus übergegangenem Recht und einem Verfahren des*der Unterhaltsberechtigten wegen des Spitzenunterhalts (vgl. Conradis 2014, 123 ff.).

Praxishinweis

Auch Ansprüche aus übergegangenem Recht verjähren nach den allgemeinen unterhaltsrechtlichen Bestimmungen (▶ Kap. 2.3.2). Die Unterhaltsvorschusskasse muss den Anspruch daher titulieren lassen. Die Unterhaltsvorschusskasse ist, im Gegensatz zum Sozialleistungsträger (▶ Kap. 5.1), nicht darauf beschränkt, nur das tatsächlich erzielte Einkommen des Unterhaltspflichtigen zu berücksichtigen. Daher geht auch ein Unterhaltsanspruch, der auf fiktivem Einkommen des*der Schuldner*in beruht, auf das Land (Unterhaltsvorschusskasse) über (BGH FamRZ 2001, 619).

Auf den Punkt gebracht

Sozialleistungen erhält nur diejenige Person, die sich nicht selbst unterhalten kann und keine Angehörige hat, die ihn*sie unterstützen müssen. Unterstützen Sozialleistungsträger (das Jobcenter oder der

Träger der Sozialhilfe) die Hilfebedürftigen, obwohl diese auf eine*n Unterhaltsverpflichtete*n zurückgreifen können, geht der Anspruch der Bedürftigen auf die vorleistende Behörde über. Der Sozialleistungsträger kann hierbei nur auf das tatsächlich vorhandene Einkommen zurückgreifen. Die Berücksichtigung fiktiver Einkünfte kommt, anders als im Unterhaltsrecht, nicht in Betracht. Wird Unterhaltsvorschuss geleistet, gilt diese Einschränkung nicht: Es kann bei dem*der Verpflichteten auch ein fiktives Einkommen berücksichtigt werden. Im Hinblick auf die möglicherweise lebenslange Unterhaltsverpflichtung für Kinder mit Behinderung werden Eltern weitestgehend entlastet. Ein Rückgriff kann nur bei jährlichen Einkünften über 100.000 € brutto je Elternteil erfolgen und nur in Höhe der gedeckelten Beträge.

Reflexionsfragen

- Was muss die Behörde tun, damit ein Unterhaltsanspruch auf sie übergeht?
- Unter welchen Voraussetzungen ist der Anspruchsübergang ausgeschlossen?
- Wer erhält unter welchen Voraussetzungen Unterhaltsvorschuss?
- Was versteht man unter einem Spitzenunterhalt?
- Unter welchen Voraussetzungen können übergegangene Ansprüche verjähren?

Weiterführende Literatur

Conradis, Wolfgang (2014): Sozialrechtliche Folgen von Trennung und Scheidung (3. Auflage). Berlin: Erich Schmidt.

Abkürzungsverzeichnis

Abs.	Absatz
BAföG	Bundesausbildungsförderungsgesetz
BeckOGK	Grosskommentar zum Zivilrecht (beck-online)
BerHG	Beratungshilfegesetz
BerHG	Gesetz über Rechtsberatung und Vertretung für Bürger mit geringem Einkommen
BGB	Bürgerliches Gesetztbuch
BGH	Bundesgerichtshof
EStG	Einkommensteuergesetz
FamFG	Gesetz über das Verfahren in Familiensachen und in den Angelegenheiten der freiwilligen Gerichtsbarkeit
FamRZ	Zeitschrift für das gesamte Familienrecht
FPR	Familie Partnerschaft Recht (Zeitschrift)
gem.	gemäß
i. H. (v.)	in Höhe (von)
i. S.	im Sinne
i. V. m.	in Verbindung mit
InsO	Insolvenzordnung
JVEG	Justizvergütungs- und Entschädigungsgesetz
LPartG	Lebenspartnerschaftsgesetz
MDR	Monatsschrift für Deutsches Recht
MittBayNot	Mitteilungen des Bayerischen Notarvereins, der Notarkasse und der Landesnotarkammer Bayern
MüKoBGB	Münchner Kommentar zum BGB
n. F.	neue Fassung
NJW	Neue Juristische Wochenschrift
NStZ	Neue Zeitschrift für Strafrecht

NZFam	Neue Zeitschrift für Familienrecht
NZI	Neue Zeitschrift für Insolvenz
OLG	Oberlandesgericht
ÖRA	Öffentliche Rechtsauskunfts- und Vergleichsstelle
Rn.	Randnummer
SGB	Sozialgesetztbuch
StGB	Strafgesetzbuch
UVG	Unterhaltsvorschussgesetz
ZPO	Zivilprozessordnung

Literatur

Ansen, Harald (2018): Soziale Schuldnerberatung. Prävention und Intervention. Stuttgart: Kohlhammer.

Benner, Martin (2019): Die Zwangsvollstreckung von Unterhaltsansprüchen. In: NZFam 2019, 845 ff.

Berringer, Christian & Menzel, Ralf (2018): Das neue Unterhaltsrecht – Folgerungen für die notarielle Praxis. In: MittBayNot, Heft, 3, S. 165 ff.

Born, Winfried (2018): Das neue Unterhaltsrecht. In: NJW, Heft 1/2, S. 1 ff.

Ebert, Johannes (2016): Mehrbedarf und Sonderbedarf in der Unterhaltsberechnung. In: NZFam, Heft 10, S. 438 ff.

Elden, Erkan (2012): Der Betreuungsunterhalt nach der Unterhaltsrechtsreform. In: FamFR, Jg. 4, S. 290 ff.

Conradis, Wolfgang (2014): Sozialrechtliche Folgen von Trennung und Scheidung (3. Auflage). Berlin: Erich Schmidt.

Falterbaum, Johannes (2020): Rechtliche Grundlagen Sozialer Arbeit (5. Auflage). Stuttgart: Kohlhammer.

Graba, Hans-Ulrich (2018): Verwirkung von Unterhaltsrückständen. In: NJW, Heft 28, S. 2025 ff.

Graba, Hans-Ulrich (2020): Gemeinsamkeiten der Abänderung von Unterhaltsentscheidungen und Unterhaltsvergleichen. In: NZFam, Heft 7, S. 274 ff.

Hau, Wolfgang & Poseck, Roman (Hrsg.) (2022): Beck'scher Online-Kommentar BGB (Stand: 01.08.2022). Online unter www.beck-online.de. München: Beck.

Hauß, Jörn (2020): Elternunterhalt. Grundlagen und Strategien (6. Auflage). Bielefeld: Gieseking.

Johannsen, Kurt, Henrich, Dieter & Althammer, Christoph (Hrsg.) (2020): Familienrecht. Scheidung, Unterhalt, Verfahren. Kommentar (7. Auflage). München: Beck.

Janlewing, Gabriele (2018): Insolvenzrecht für die familienrechtliche Praxis (2. Auflage). Bielefeld: Gieseking.

Klein, Anne & Schlechta, Bettina (2005): Will die Unterhaltsrechtsreform den Wert der Frau auf ihre Gebärtüchtigkeit reduzieren? In: FPR, Heft 12, S. 496 ff.

Löhnig, Martin (2017): Umwandlung einer Lebenspartnerschaft in eine Ehe – Voraussetzungen und Rechtsfolgen. In: NZFam, Heft 21, S. 977 ff.

Münder, Johannes, Ernst, Rüdiger, Behlert, Wolfgang & Tammen, Britta (2022): Familienrecht für die Soziale Arbeit (8. Auflage). Baden-Baden: Nomos.

Niepmann, Birgit (2021): Der Unterhaltsanspruch des nichtehelichen Elternteils nach § 1615 l BGB. In: NZFam, Heft 9, S. 395 ff.

Niepmann, Birgit (2022): Die Düsseldorfer Tabelle – immer noch ein brauchbares Instrument in Unterhaltssachen? In: NZFam, Heft 4, S. 141 ff.

Salten, Uwe (2021): Die Fortentwicklung des Pfändungsschutzkonto. In: MDR, Heft 1, S. 11–17.

Salzgeber, Josef & Bublath, Katharina (2016): Betreuungsmodelle aus Kindersicht. In: NZFam, Heft 18, S. 837 ff.

Schilling, Roger (2006): Betreuungsunterhalt und Wechselmodell. In: FPR, Heft 7, S. 291 ff.

Schneider, Hagen (2022): Die Entwicklung der Rechtsprechung zur Verfahrenskosten- und Beratungshilfe. In: NZFam, Heft 11, S. 488 ff.

Scholz, Harald, Stein, Rolf & Kleffmann, Norbert (2022): Praxishandbuch Familienrecht. Loseblattsammlung (42. Auflage). München: Beck.

Schuldei, Marcus (2018): Zurechnung fiktiver Einkünfte des gesteigert Unterhaltspflichtigen. In: NZFam, Heft 12, S. 573 ff.